图解服务的细节
117

リッツ・カールトンたった一言からはじまる「信頼」の物語

有信赖才有价值
丽思卡尔顿的"信赖课"

[日]高野登 著
马霞 译

人民东方出版传媒
People's Oriental Publishing & Media
东方出版社
The Oriental Press

你的工作中，每天都有精彩的故事诞生吗？

能够帮你建立毕生纽带联系的专业小窍门

写给那些，想把今天的工作和美好的未来联结在一起的人！

Preface | 序言

谢谢您拿起本书。能和大家共享这段美好的时光,我感到非常高兴。

大家在工作中,每天都有精彩的故事发生吗?

每个周日晚上,你是带着这样的想法入睡的吗?

"太好了,明天是星期一。真高兴,又可以去上班了,可以和喜欢的同事们一起工作,可以让尊贵的客人们露出笑容……"

想必也有人会想,这样的公司不可能存在。但事实上,这个世界上有很多公司,它们的员工是真心期待星期一的到来。

我想再问一个问题。

大家喜欢旅行吗?有很多人喜欢旅行,但不喜欢坐飞机。

请你回忆一下,让你觉得"这次旅行真不错"和"这次旅行不愉快"的时候，是什么导致了这样的差异呢？

我想，大概是因为旅行过程中产生的各种各样数量不等、质量不同的回忆吧。

设想一下这样的场景。

现在，在冲绳的偏远岛屿上，你正在旅行宣传册推荐的拍照景点准备拍张全家福。

这时候，走过来一位岛上的老婆婆。

"你们是从哪里来的？哦，长野啊！那真是太好了。我告诉你们吧，这里啊，有个秘密的地方，拍照很好看……"

老婆婆一边笑眯眯地说着话，一边把你们带到一个宣传册上没有记载的地方。

"这里没有围栏，所以旅行社是不会把它登在宣传册上的。不过，这里拍照是最漂亮的。来，站好，我给你们拍张照吧……"

当然，宣传册上只字未提"在这座岛上拍照时，会出现一个老婆婆"（笑）。而这就是岛上这位热情好客的老婆婆给予你们的款待。

有过这样的经历，旅途归来后，你是不是很想和家人、

序 言

朋友们分享这个故事？这张照片也变得很珍贵，因为它记载了旅途中记忆深刻的故事、难以忘怀的回忆。

当你站在对方的立场上思考，并付诸行动时，往往就会诞生意想不到的故事。无论是在旅途中，还是在工作现场，司空见惯的景色都会在瞬间变成别具一格的风景。

每天发生在周围的事情，在你看来是黑白照片，还是褪了色的泛黄风景呢？抑或是五彩斑斓的世界？

在工作现场，也会发生很多像老婆婆和旅人这样的故事，一个细小的举动会开启一段色彩绚丽的邂逅和缘分。

然后，当这种缘分发展为牢固的纽带联系时，所产生的信赖程度，决定了之后双方关系发展的广度和深度。

上司与部下、销售员与客户、企业与客户公司、前辈与后辈，他们相识的形式和关系都各不相同。但是，如果那里没有信赖的血液，就培养不出温暖的人际关系。

"太好了，明天是星期一，又能去公司和大家一起工作了！"

在以信赖这一强有力的纽带联结起来的组织中产生这种想法，是极其平常的事情。

信赖诞生的时候、信赖瓦解的时候，会发生什么？如果能通过这本书和你一起思考，我会感到非常高兴。

2013 年初春吉日

高野登

Contents | 目录

序 章
信赖的定义
~播下故事的种子，让纽带联结到未来~

❀ 为了不被认为"那个人工作能力是很强，但是……"
　　信赖度由"能力×作为人的综合素质"所决定 …………… 003

❀ "那人会给你意想不到的惊喜。"
　　"好用的人"和"值得信赖的人"的区别 ………………… 009

❀ 虽然"特别"，但也"伸手可及"
　　打造有自我特色的信赖品牌 ……………………………… 013

第 1 章
建立信赖关系的小习惯
~细微的关怀能打动人心~

❀ "请问您这会儿有时间吗？"
　　尊重对方的时间，就是尊重对方 ………………………… 021

I

- "那位客人为何会拎着西装的衣领？"
  感知对方对其所持物品的感情 ·································· 026
- "如果需要，给您留一些准备时间吧"
  值得信赖的人都有"预见性" ·································· 031
- 即使在背地里，也绝对不说"那个客人又来了！"
  私底下的谈吐可以反映出一个人的可信赖度 ···················· 036
- "您好，天气骤然变冷了啊。"
  珍惜细小的接触点，有时会有电流穿过 ························ 040
- 有压倒性的存在感，却不会打扰客人！
  符合该场合的"存在感"究竟是什么？ ·························· 045
- "这样我就可以堂堂正正地收你们的钱了。"
  专业人士严于律己 ·· 049
- "期待您再次归来"
  故事始于"见面后的话语" ···································· 053

第 2 章
培育信赖关系的工作技巧
~捕捉未言明的期待~

- "您希望大家带着怎样的心情回去？"
  听出言语背后的期待才是专业的倾听 ·························· 061
- "举办过大家都穿燕尾服的派对吗？"
  想象对方的"限度"，发挥想象力 ······························ 066

II

- "我想确认一下电话内容，您看看是否正确？"
  确认传达结果的有效方法 ·················· 070
- "在我的印象中，好像是明天……"
  纠正客人错误时的措辞 ·················· 075
- "擅自为您准备了一辆豪华轿车。"
  体察对方"不能用言语表达"的理由 ·················· 078
- "要是弄脏了新娘的婚纱可就麻烦了！"
  饱含体贴的一句话，能给人莫大的安心感 ·················· 082
- "感谢○○先生为我们介绍了重要的客户。"
  加深客人之间的感情，也是专业人士的工作 ·················· 086
- "那么，我们这样编排可以吗？"
  配合客人的节奏，兴奋感会更加强烈 ·················· 091
- "正好在来酒店的路上，看到一朵盛开的鲜花很漂亮，我就摘了回来。"
  带着"爱美之心"工作 ·················· 096

第3章
与合作伙伴建立"信赖"关系
~团队合作，谱写美丽篇章~

- "合作伙伴"的涵盖范围？
  与合作伙伴互相成就，共同进步 ·················· 103
- 眼神接触！
  要有"一起创造工作"的意识 ·················· 108

❋ "能帮忙补救一下我们的失误吗?"
　　团队的事后补救,能挽回客户的信赖 ……………… 111
❋ "至少可以派俩人去支援。"
　　从广阔的视角解决问题 …………………………… 113
❋ "其实我听到了这样的传言,怎么样,真有这回事吗?"
　　为了维持信赖关系,要有勇气确认难以启齿的事情 …… 119
❋ "○○先生,谢谢你帮了我。"
　　你在谱写"感动故事"吗? ………………………… 123

第4章

初次见面时,如何赢得信赖

~首先要对别人感兴趣~

❋ 听到"请坐",再落座
　　微小的举动,能看出一个人的素质 ……………… 131
❋ "前台的服务真棒!"
　　仅用10分钟等待的时间,捕捉对方重视的东西 ……… 135
❋ "我是高野,我的工作是为客户服务。"
　　在有限的时间里,赢得对方的"信赖" …………… 138
❋ "如果有什么需要,敬请吩咐!"
　　会失去可能性的言语 ……………………………… 141
❋ 点赞是表示"我看过了"。
　　在邮件和社交网络上赢得信赖的必要条件 ………… 145

❋ "我真的非常喜欢这家公司！"
　　快乐工作的人，比什么都吸引人 ·················· 149

第 5 章
作为管理者如何赢得"信赖"
~用人不疑，定有奇迹出现~

❋ "太原先生！"
　　优秀的领导尊重团队成员 ······················ 157
❋ "做你认为对的事情！"
　　来自这句话的感悟 ·························· 161
❋ "越来越棒了！"
　　拨动他人心弦的秘诀 ························ 165
❋ "今天也加油啊！"
　　批评后的安抚方法，关系到部下的成长 ············· 170
❋ "路过星巴克时顺便买的！"
　　忙碌时效果颇佳的咖啡休憩 ···················· 174
❋ "我觉得你应该有更广阔的舞台！"
　　管理者的作用是创造"能够成长的环境" ············ 177
❋ "我的日本儿子或许要去你那里，届时请多关照！"
　　看到无形的信赖的时候 ······················ 181

V

第 6 章
信赖瓦解的那一刻
~为何会在不知不觉中，丧失可能性？~

🍀 "所谓的……"
要注意会导致丧失信赖的言语！……………… 187

🍀 去卫生间时，勿带手机
~避免让对方多想，也是一流的礼仪~……… 193

🍀 "实际上我乘坐的电车也受影响了"
如何表达道歉理由，才能赢得信赖 …………… 196

🍀 "日程能否提前？"
不得不拒绝的时候，要展现诚意 ……………… 198

🍀 "是吗？给你留下这样的印象了吗？"
轻描淡写地回避消极谈话 ……………………… 200

🍀 "把套房改成展示厅如何？"
拒绝客人前，发挥想象力 ……………………… 204

第 7 章
打磨值得"信赖"的力量
~为持续成长而做的努力，将打造你的轴心~

🍀 以"仰慕之人"的自然状态为目标
提高自己的自然状态 …………………………… 211

- "今天，你逗笑了谁?"
  "信赖度"大盘点 ·································· 215
- "电梯里的沉默是礼物!"
  打磨"主动交往的能力" ·························· 218
- "谢谢您常年的关照!"
  越是谦逊之人，越能赢得信赖 ······················ 222
- "今天听到的案例，我们千万不能效仿!"
  坚持打磨信赖的轴心 ······························ 226

结束语 ·· 231

信赖的定义

~播下故事的种子，让纽带联结到未来~

序 章 | **信赖的定义**

为了不被认为"那个人工作能力是很强,但是……"

信赖度由"能力×作为人的综合素质"所决定

"那个人很值得信赖。"

在日常工作中,我们会不经意地使用这种表达方式。

那么,什么是"值得信赖"呢?

我认为,值得信赖的人拥有一种特殊的力量,这是一种在任何场合都能将人与人联系在一起,是一种不仅能够给人留下"有吸引力"的印象,也能更切实地给周围的人施加影响力的力量。

我们每个人都在和他人的相互联系中工作。

从事服务业的人自不必说,在机关、企业等工作的人,有和上司、下属、同事之间的联系;个人创业的人,也是在与客户、合作伙伴等各种各样人的联系中工作的。

人与人交往的时候,人们会对"值得信赖"的人抱有好感，所以他们的工作也会进展得很顺利。

你在工作中是否也遇到过这样的人："一见到那个人，自己也会变得积极向上？"或者，会觉得"如果是那个人，我就可以放心地把工作交给他？"

丽思卡尔顿的目标就是成为这里的"那个人"。

实际上，我们经常能看到外部员工来到丽思卡尔顿之后，脸上洋溢着充满活力的表情，那正是他们在丽思卡尔顿受到了正能量影响的缘故。

"您好，感谢您多年的厚爱！"

"您好，今天也让我们一起努力迎接客人吧！"

就这么简简单单的一句话，却给人以正能量，一个个信赖的故事也从这里开始发芽、成长。

能量一旦传递出去，就会在空间和时间中传播开来。

如果拥有正能量的人之间建立了联系，他们就能在互相促进的同时，朝着更有创造性的工作迈进。而通过正能量联系在一起的员工们，也会给客人营造出舒适的氛围和空间。

另外，如果能让对方产生"真想再见一面""下次还想再来"的想法，那么就会和对方诞生新的"交点"。如果能将这些"交点"连接起来，就能创作出联结至未来的故事。

♛ 信赖度等于"能力×作为人的综合素质"

那么，所谓的"值得信赖"，它的力量究竟从何而来呢？

史蒂芬·柯维（Stephen R. Covey）博士在他的著作《高效能人士的七个习惯》中，有这样的表述：

"所谓的值得信赖，就是一个人所拥有的'作为人的综合素质'，和他所拥有的能力的乘积。"

也就是说，事业发展中所需的知识和技能，与作为人的性格和人性等的综合素质相结合，就决定了这个人值得信赖的程度。

"信赖度"是乘法运算，所以用公式来举例的话，可能会更容易理解。

假设满分为 10 分，某人拥有 8 分的能力，但他的人性和性格等综合素质只有 0.5 分，那么 8×0.5＝4，信赖度就减半了。

"那个人虽然技艺高超，但……"

"我觉得他工作确实麻利，就是……"

工作中，收到这样评价的人就属于这种类型。

即使拥有非常优秀的学历背景、知识丰富、技能高超，但如果被认为人格有问题，信赖度也会被打上问号。

♛ 只是"善良"，也不会被信赖

另一方面，不管性格有多好、人有多善良，如果关键能力不足，还是难以得到他人的信赖。

前几天，我从新大阪站乘出租车去酒店。司机是一个特别和蔼可亲的人，对待工作也很认真、热心。

"从这座桥看到的景色可是大阪最漂亮的……"

他一边特意在桥上减速慢行，一边耐心地做着解说。

总之，人真的是好人，但关键问题在于，他怎么也找不到目的地。

"咦？司机师傅，这里刚才来过了吧？"

"唉？应该就是在这附近啊……"

"你不怎么来这儿吗？"

"也没有，白天会经常来，但晚上还是第一次过来……"

结果，应该在半小时内到达的地方，花了近50分钟。

这位司机确实很认真。但是，如果要问出租车司机的工作本质是什么，那就应该是如何从一个地方快速、安全地抵达另一个地方。所以，如果满足不了这个条件，司机的信赖度就会受损。

"能力"和"作为人的综合素质"就像汽车两边的轮子，一边的车轮扭曲或损坏了，汽车就无法正常前进。只有两个要素相互紧密结合，才能充分发挥自身拥有的力量。

人的"能力"和"作为人的综合素质"都能够通过磨炼加以提升。所以，越是努力的人，越能赢得他人的信赖。

相反，哪怕是些许的偷懒耍滑，也会轻易损害自己的信赖度。

在本书中，我想和大家一起探讨如何磨炼我们自己，拥有更大的值得他人信赖的力量。

> ★小贴士（point）
> 只有同时磨炼自己的"能力"和"作为人的综合素质"，才能培育、提升自己的"信赖度"。

"那人会给你意想不到的惊喜。"

"好用的人"和"值得信赖的人"的区别

与"信赖"相似的还有"信任"。

信任,顾名思义"相信并加以任用"。

"他应该不会挪用公司资金吧?"

"他嘱咐他要 10 份复印件,他一定会整整齐齐地做好。"

像这样没有失误地、"按照要求去做"的工作方式,能为自己建立良好的信用。

但"信赖"则是"信任并依靠"。

"这件事儿拜托他的话,他一定会给出绝佳的方案。"

"把这个信息告诉那个人,他会按照自己的方式理解,还会加上其他必要的解读,然后为大家讲解。"

"我让他去复印一下会议资料,拿回来时,他还根据会议内容,附上了头脑风暴用的便利贴。"

像这样，在信任的基础上，再加上"……因此，就交给他吧"的这种理由，就能建立"信赖"关系。

这里，信赖关系的诞生，不是仅因为他工作不出错，就可以把工作放心交给他去做的关系，而是因为他曾经做过的工作，超出了对方的想象，令对方惊喜不已，不禁感叹："真是太感谢了！太难得了！"带给了对方意想不到的惊喜。

这就是"相信并任用"与"信任并依靠"的区别。"他很可靠"和"他很好用"在价值观上是截然不同的。

♛ 先考虑对方的期望，再采取行动

这里"信任"与"信赖"的区别，也可以换作"服务"与"悦客"的区别。

所谓"服务"，就是根据员工手册里的内容，毫无过失地提供一定品质的服务。对酒店而言，每天更换干净的床单、打扫房间，确保干净到没有一根头发为止，这就是服务。

服务中最重要的一点，就是一直坚持做好客人需要我们做的事情。因为服务就是一种"承诺"，持续稳定地提供应该提供的业务内容，这关系到公司和酒店的信用。

与此相对，"HOSPITALITY"则是先用心去聆听每一位客人的期待，然后采取的满足客人期待的行为，也就是"悦客"。

比如，平时花瓶要摆在桌子上，但这位客人好像要在桌子上工作，那么我们就把花瓶放在别的地方。

"平时沙发是朝向桌子的，但这位客人好像喜欢坐在沙发上欣赏夜景，那么我们稍微把沙发放斜一点，朝向窗外。"

像这样先思考"对方在期待什么"，然后再付诸行动，最终实现的就是"悦客"。

当然，信用和信赖都涉及"没有过失"。但是，能给人留下"××先生的话，他会做得比我想要的更好"这样印象的，就不仅仅是出于信任，而是源于信赖了。

当客人觉得"这个人做事情会比我们期待的更好"时，信赖的故事才会开始。

如果是公司领导或上司，当他认为"该员工在公司一直是带着热情周到的悦客精神工作的"时，他们之间才能诞生不容置疑的信赖关系。

而作为一名员工，是仅满足于在规定的时间内完成规定的工作呢？还是选择自主行动，在工作的同时不断收获周围同事、客人的信赖呢？

哪一种态度更专业，哪一种态度更加享受工作、更加有趣，答案一目了然。

> ★小贴士（point）
> 经常思考什么事情是"超出对方预期"的，然后再付诸行动，"信用"就会变成"信赖"，这是"好用的人"和"值得信赖的人"的分水岭。

虽然"特别",但也"伸手可及"

打造有自我特色的信赖品牌

在商业领域,经常会提及打造品牌的重要性。为什么要强调品牌的重要性呢?是因为品牌能提升企业和个人的魅力。

人们正因为感受到了"爱马仕""梅赛德斯·奔驰"等品牌的魅力,才会想购买该品牌的产品。因此,打造品牌,也就是要打造产品魅力。

我认为,支撑品牌魅力的是客人觉得"只要是〇〇公司的产品,品质绝对不会差""拥有〇〇公司的产品,就能让自己更加熠熠生辉"的这种信赖感。也就是说,打造品牌的过程,也是建立信赖关系的过程。

作为创建品牌的原则,我认为首先要让它成为"特别的存在",同时要让它"伸手可及"。

例如,英国王室的王冠,是特别的东西,但它不能成为一个品牌。因为对顾客来说，它是遥不可及的存在。

蒂芙尼的戒指既能买得到，又很特别。但是，如果蒂芙尼出售带有其商标的售价 100 日元的圆珠笔，就会因为太过亲民而降低其品牌价值。

所以，品牌应该介于"特别"和"亲近"之间。

丽思卡尔顿的品牌，实际上也是建立在这个平衡之上的。

丽思卡尔顿酒店是以"面向消费人群前 5% 的客人"为目标定位的酒店。但是，现实中不仅仅只有"前 5%"的富裕阶层，还有更广泛的客户层都在使用丽思卡尔顿酒店。

也有客人对"前 5% 的人住的酒店，到底会提供怎样的服务？"很感兴趣，从这个意义上说，它既"特别"，又"伸手可及"。

♛ 虽然优秀且繁忙，但是也要努力做一个有亲和力的人

个人也是同样的道理，要想成为他人口中"真想和那

个人一起工作"中的"那个人",就必须打造属于自己的"品牌"。

"他总是一副很悠闲的样子,肯定会接受这项工作。"

"那个人太过孤傲,很难一起共事",这种时候就表明品牌原则失衡了。

客气地告诉对方"有事情随时都可以来找我"会让对方感受到亲和力,但如果给人一种"我真的总是很闲"的印象,就会让人担心是不是有什么问题。

最理想的情况是,"虽然他真的很忙,但会尽可能地为我们挤出时间"。

能得到周围这样的评价"'他确实很忙,但是技能和速度特别出众','做人又从不摆架子,对人不卑不亢'",就是一种理想状态。

"大家对那个人的评价很高,他手里的工作也是接连不断,不过,如果我们能让他对我们的工作热情产生共鸣,或许会接受我们的委托。"

像这样,能成为"虽然特别,但伸手可及"的存在,正是我们努力的目标。

如果还有"那个人工作忙得不可开交,但他很喜欢红酒。据说一起喝酒时有人请他帮忙,他居然就答应了"这样的逸事,会让人备感亲切。

♛ 千锤百炼始成钢,百折不挠终成才

打造品牌的第二个原则是"坚持做该做的事情",牢记这一点,品牌的"型①"就形成了。

用一句话概括丽思卡尔顿的组织特性,那就是孜孜不倦。也就是说,一直拥有尽职尽责坚持做自己应该做的事情的能量。

通过重复相同的事情,不仅会建立越来越深厚的信赖,还会让信赖感在不知不觉中变得坚如磐石,不可动摇。服务的内容通过重复,经过推敲、精炼,也会变得更加完美。通过重复相同的事情,品牌和信赖感还会在原来的基础上,

---

① 型:艺能、武道等方面,成为规范的动作、方式。

变得充实丰润。而这无疑也是在向客人展现"能工巧匠,精益求精"的形象。

不仅是对企业,我想对人也一样。当说起"那个值得信赖的人"的时候,其中肯定没有会让人感觉是个"花拳绣腿"的人。

这种能够传达出实力、谁看了都觉得是在做精雕细琢的工作的能力,只能在每天重复的工作中不断钻研,正所谓"千锤百炼始成钢,百折不挠终成才"。当然,在这个过程中,也会诞生属于你自己的故事。

> ★小贴士(point)
> 虽然工作繁忙,但是有亲和力;对工作持之以恒、恪尽职守。有意识地贯彻这两点,是建立"信赖关系"不可动摇的原则。

第 1 章

建立信赖关系的小习惯

~细微的关怀能打动人心~

"请问您这会儿有时间吗?"

尊重对方的时间,就是尊重对方

打电话的时候,你说的第一句话是什么呢?这里,我先分享一件在美国的经历。

♛ Do you have a minute?(你现在有时间吗?)

可以说美国人打来电话时,基本上都会先问:

"Do you have a minute(你现在有时间吗)?"或者"Can you talk now(现在说话方便吗)?"

特别是打手机的时候,要考虑对方在不在办公室,是不是正好在移动途中,或马上要开车等"不方便的状况"之中。设想对方可能是在最不方便的情况下接的电话,所以,首先要确认"Do you have a minute(你现在有时间吗)?"

这句话隐含了"我现在想占用你一点时间,可以吗?"的意味,是在向对方的时间表示敬意。

"对方很忙,正好是不方便说话的时候。"

"对方可能忘记了上次商谈的内容。"

打电话时,不仅要看自己是否做好了传达事项的准备,还要时常设想对方是否处于最不方便的通话状态,由此,打电话时说的第一句话也会有所改变。

"我是〇〇公司的〇〇。我是为了〇〇事给您打电话,您这会儿有时间吗?"

"正好我现在手头有份马上到截止时间的事情,不能停下……"

"那么,几点给您打电话比较合适呢?"

"下午4点可以吗?"

"好的,那么我4点再给您打电话吧。"

有的人也许认为"对方是熟人",打电话时不需要清楚地报自己的名字;也有的人电话一通,马上就开始滔滔不绝地说自己的事情。但是要知道电话是通过发射的电波,单方面地插入对方时间里的。正因为如此,首先要关切地询问对方的时间是否适合通话,仅这一个小小的习惯,就会给人留下"今后 5 年、10 年都想和他一起工作"的印象,成为构筑信赖故事的起点。

♛ 打烊时间后,还在服务的调酒师

丽思卡尔顿对客人们的时间也充满了敬意。

即使是在工作时间外,收到客房服务请求,我们也会尽最大的努力,为客人准备在那个时间范围内能够准备的东西。对于因时差而疲惫不堪的客人,即使是晚餐时间,我们也会提供一些吃完后胃里感到舒服的粥等食物,理由就在这里。

有一次,在丽思卡尔顿的酒吧里,两位客人结伴而至。

也许是因为久别重逢,两个人在重温旧情吧,聊得不亦乐乎。

但是,酒吧的营业时间是固定的。

这时，完全可以用"对不起……"来终止两人的谈话。但是，那天的调酒师没有告诉客人酒吧的打烊时间，一直陪着他们到了早晨。因为看两人聊得那么高兴，调酒师实在不忍心打断他俩的美好时间。

第二天早上，两人对调酒师为他们提供了这么难得的、促膝长谈的时间而感谢不已。

♛ "谁都没有时间"，所以才更要珍惜对方的时间

如何使用"时间"这个词，是涉及与客人之间信赖关系的关键。

"没时间。"

"有时间的时候再做。"

这是在平常工作中会经常听到的，但毫无疑问是会失去信赖的话。

当客人需要我们做什么事情时，酒店工作人员的回答基本上是"好的，我知道了""马上就办"。即使再忙，也

要回答"我知道了"。万一自己走不开的话,要迅速把这个事情交接给其他的工作人员,并且要当着客人的面做交接。

任何人的工作时间都是有限的,在工作过程中,所有人都在竭尽全力地工作。只强调自己忙,是非常自私的说辞。

如果注意到这一点,对时间的感觉就会发生变化,也会萌生尊重对方时间使用方式的意识。

例如,如果知道对方很忙,为了让对方一目了然地明白你想说的事情,可以动脑筋,比如想出把邮件的标题改为"关于◎◎,山田○子"等办法。

只要尊重对方的时间,必要的体恤就会油然而生。

| ★小贴士(point) |
尊重对方的时间,就等于重视对方。

"那位客人为何会拎着西装的衣领？"

感知对方对其所持物品的感情

当对方把名片或资料递给你时，你是如何接收的呢？该如何正确处理对方重视的物品呢？这个动作很大程度上会表明，你今后想和对方建立怎样的人际关系。

酒店会为客人提供寄存行李和西装的服务。

有一位客人来寄存西装，他拎着西装的衣领，整件西装都自然垂落，然后一边说着"拜托你了"，一边递给了服务员。

一般来说，如果服务员接住西装，搭在一只胳膊上，再拿回去后挂在衣架上也是没问题的。但是，这里我们要关注的是："为什么这位客人会从衣领拎着西装？"

如果你能读懂客人"想让西装保持挺括状态"的心情，那么就会和客人一样，拎起西装的衣领，平平整整地接过西装。像这样，要用自己的行动向客人表达，"我们在用心地替您保管着您的重要物品"。

♛ 珍惜随身物品中蕴含的"客人的故事"

无论多么小的东西，对于个人物品，都有那个人特有的私人情感，所谓敝帚自珍。重要的是，要具备一种意识，那就是要让外套的主人感受到我们如何珍惜它，同时采用让客人感到舒服的方式来对待其随身物品。

例如，客人拖着旅行箱来到酒店，把行李交给酒店工作人员。如果酒店工作人员也和客人一样拖着旅行箱搬运的话，绝对不会给客人留下好印象。

这种时候，丽思卡尔顿规定，要么单手提起旅行箱，要么用双手抱着旅行箱。通过这样的方式告诉客人，"我们在替您保管您的重要物品"。

即使是接收物品的方式，也不能按照自己的习惯风格，而是要顺应客人的需求。

当我们试着站在客人的位置上，就能感受到某种"温度"，这种温度来自客人对自己的包、手表、帽子等随身物品的感情。

如果感觉到是"对方很重视的物品"，那么对待方式也会有所改变。不能咕噜咕噜地拖着旅行箱，要用双手抱起来，如果还有一件行李，那么可以单手提起来，但是不能挨着地板。

当你感受到客人内心的情感，接收到了客人的想法，那么就用行动去表达"您的重要物品，我也会好好对待"，客人一定会感受到你传达出的这种用心。

▲ 名片的接收方式之一，也能体现出与对方的关系

名片的交换方式里，也有产生信赖感的瞬间。

重视细微接触点的人，不会把名片夹单纯当成"存放名片的工具"，而是将其视为"迎接对方名片的布团（榻榻米上的坐垫）"。

把名片夹当作"工具"的人，在交换名片的时候，会

把自己的名片放在名片夹上递给对方。

而把名片夹当作"布团"来理解的人，会认为交换名片时把自己的名片放在名片夹上，就像自己坐在"布团"上跟对方打招呼一样。

请设想一下去别人家初次拜访时的情景，在主人说"请落座吧"之后，才在榻榻米上就座是该有的礼仪。而且，也不可能有主人坐布团，而不请客人用布团的情况。

而且，一进房间马上就坐在布团上也是不合礼仪的。

所以，交换名片的顺序应该是，把对方的名片认真地放在名片夹（布团）上，拜读完对方的名片后，再递上自己的名片。

像这样，看一个人对待名片的方式，就知道能和他建立怎样的人际关系。

例如，有的人收到名片后，连看都不看一眼就交给身旁的秘书。这种时候，你一定会觉得"这个人绝对不会记住我"。与此同时，也会产生负面印象："他以前可能也规规矩矩地交换名片，现在高升了，人就变了吧……"

当然，如果是 100 个人并排站着的场合，这样的做法也是情有可原的。不过，从"不看对方的眼睛，或者经常不屑一顾"的待人处事的习惯方式上，能看出这个人处理人际关系的态度。

认真做好日常生活中"微小且重要的事"，和对方的关系也会随之发生变化。

> ★小贴士（point）
> 值得"信赖"的人，在细微的事情上也很用心。

"如果需要，给您留一些准备时间吧"

值得信赖的人都有"预见性"

工作中值得信赖的人，通常都具有"预见性"。要是察觉对方有不安或担心，就会尽可能采取一些措施，帮助对方消除顾虑。久而久之，对方自然而然就会产生"一定要把工作交给那个人"的感情。

例如，在丽思卡尔顿，在看到客人进入酒店大厅的一瞬间，不会问"您有什么需要帮忙的吗？"而是会用"您是来参加谁的婚礼仪式的？""您是出席哪个会议的？"等问候语来引导。因为看客人的装扮，就能判断是参加婚礼还是商务会议，在此基础上，自然地引导、帮助那些对饭店不太熟悉的客人，这些可以说是在预见能力中最基本的要求。

下面是一位培训讲师的故事。

有一次，他要在隆冬时节的北海道进行演讲，演讲从下午开始。如果航班顺利，乘坐当天上午9点从东京羽田机场出发的航班完全来得及。

但是，由于是冬季，担心因为降雪的影响，飞机会晚点或者停飞。万一出现这种情况，就无法按时演讲，可能会让前来的参加者们失望。就在他有点不知所措的时候，主办方给出了这样一个提案：

"这个时期的北海道，因为降雪，航班很容易受影响。我们想，如果可以，提前一天抵达就没有这样的顾虑了，也能让○○老师早晨不那么紧张。如果这样安排可以的话，我这边先给您订酒店，您看怎么办好呢？"

他很感谢主办方的盛情邀请，决定搭乘演讲前一天的最后一班飞机前往当地。最后，第二天的航班虽然也没有受到天气影响，但是他也得以安心地集中精力完成了演讲。

关于这个主办方向讲师提议"提前一天抵达"和"安排酒店"的提案，主办方有以下的想法：

· 希望讲师一定要来，不辜负与会者的期待（不希望研讨会中止或延期）

- 讲师可能也在担心航班能否准时

- 如果是这样，即使承担住宿费，也要让讲师提前一天抵达，这样既能消除讲师的不安，当天的演讲也能保证万无一失。

另一方面，通过电话的交流，讲师会感受到主办方对工作的热情和责任感，也会产生"和这样的人在一起工作，可以安心"的信赖感。

♛ 为别人留出"选择"的余地

这里的要点是，在了解双方现状的同时，最终为对方留出选择的余地。

例如，外地的客户要来自己的公司会议上做报告。

会议是 11 点 30 分开始，为他订机票时，只有两个航班可供选择，一个是 10 点 30 分左右到公司，另一个是 11 点多到公司。考虑到以防万一，还是早点到公司比较好，但这样的话，对方需要乘早班飞机，一大早就得准备出发。

若仅告诉对方"我给您订了 10 点 30 分到达的航班"也很简单。

但是，考虑到对方的感受，不妨提出以下建议：

"您好，我是○○公司的○○，给您打电话是为了○月○日在敝公司举行的报告会的事情。当天如果 11 点左右到敝司就能来得及，但不巧的是，现在只有 10 点 30 分左右和 11 点多才能到敝司的航班。如果您 10 点 30 分到敝司，可以确认一下 PPT 的播放情况，事前的碰头会也有充裕的时间，但就怕是不是有点太早了？"

"如果 11 点多到也来得及，就请选 11 点多能到的航班吧。"

"这样会前碰头的时间会稍微短一些，不知道有没有关系。"

"没关系，我们已经磋商过好几次了。"

打这个电话用不了三分钟。

但因为有了这一段交流，就不会过多地占用对方的时间。而且，可能对方还会对你尊重他人时间的行为表示感谢。

只要打个几分钟的电话，你在对方心目中的信赖度就会完全不同。

总能提前预见各种各样可能的状况，事先给出提醒。那些在这方面不遗余力努力的人，总能在工作中收获他人的信赖。

> ★小贴士（point）
> 能让对方自己选择的话，接受度会提高很多。

即使在背地里,也绝对不说"那个客人又来了!"

私底下的谈吐可以反映出一个人的可信赖度

可以说信赖来自日常工作生活的感性之中。

下班之后,私底下的行为举止,也会对信赖感的建立产生很大影响。即使离开了众目睽睽的舞台,作为专业人士,也要具备分寸感,懂得哪里可以有所放松,哪里绝对不能松懈。

因此,在丽思卡尔顿,别说是在工作场所的"后台",就连在酒店外面和朋友聊天的时候,也绝对不会说客人的坏话、不会说抱怨酒店的话。

令人头疼的一位常客走进了某家饭店餐厅里。

在这家饭店餐厅的"后台",同事们开始纷纷议论:"那个客人又来了,真烦人。"

但如果是另外一家酒店,同事们之间则说,

"今天那位客人又来了,我该怎么跟他搭话呢?"

"要是这样的话,今天这位客人就交给我吧。"

客人感性的天线,会敏感地捕捉到包括酒店服务人员们背地里的感受。正如在后者的酒店里,以酒店工作人员和这位客人搭话问候为契机,客人和他的关系变得越来越好了。

♛ 为自己的专业举止感到自豪

一个人的工作态度,取决于他在背地里的说话方式。这在与客人面对面的时候,也是无法加以掩盖、粉饰的。尤其是那些挑剔的客人,正像是一块锻炼自己的试金石。

作为一名职场人士来说,在单位工作的时间,是作为职业人士,充分发挥自己所能发挥的能力,以此获取工薪报酬的时间。我想,既然作为职业人士,这一点要时刻牢记在心。

我们经常会听到一些诸如此类的话,"哎呀,这个科长啊……""就是那个主任太苛刻了"……休息时间和午休时间都一样,这些时间可以用来休息身心,也可以用来吃饭,但不能忘记作为职业人士的立场,要记住这些时间不是用来抱怨职场,发泄牢骚不满的。

当然,面对家人或知心的朋友,可能有人也想说一些泄气的话。人类本就是脆弱的生物,这也是没办法的事。但是,在工作场所或者离开工作场所后所说的话,毫无疑问地决定了这个人作为专业人士的水准。

有时,在外面吃饭的时候,会从旁边的座位传来一些工作上的牢骚,即使不刻意去听,也能从不经意的只言片语中了解到他们的行业和工作单位。

这在丽思卡尔顿是难以想象的行为,因为在丽思卡尔顿工作的所有酒店职员,即使不在上班时间,都有自己是代表公司的形象大使的意识。

丽思卡尔顿的"信条卡"上有这样一段话,

"我为自己的专业形象、言语和行为而自豪!"

如果有专业意识,就会不仅限于在工作时候,即使是私下和朋友见面的时候,也会基于这种意识,时刻约束自己。

这样一来,自然而然地就在职场树立了"如果是他的话,任何时候,交给他的工作都没问题"这样信赖感十足的形象。这种平时的自律习惯,又进一步提升了自己作为一个专业人员的信赖度。

> ★小贴士(point)
> 不要忘记,工作中的信赖感源于"平时的你"的行为举止。

"您好，天气骤然变冷了啊。"

珍惜细小的接触点，有时会有电流穿过

信赖感，是由细小的事情日积月累形成的。

"细小的事情"指日常工作工作生活中发生的所有和他人之间的接触点。能否把这些接触点一一当作重要的东西，准确地把握，将在很大程度上影响之后接触点的发展和方向。

跟客人打招呼，要在问候"您好"的基础上加上一句"今天好冷啊"，即使是这样细小的事，也能培养出接触点。

这不仅限于服务行业中对待客人。

例如，仔细想一想酒店客人们重要的包裹，按酒店工作人员的心情来理解，客人的重要包裹都想让酒店工作人员来寄送，但是，这在物理上很难做到的，所以酒店的快递员会帮客人寄送。当我们能想到替自己做这件事的是快递员或邮局的邮递员时，就会认识到他们也是值得感谢的对象。

与快递员的接触，是每天都在发生的理所当然的事情。把他们视为酒店的合作伙伴、心怀感谢的酒店服务人员，和只是看见包裹送到了、搬走了的服务人员，在他们眼中的景色是迥然不同的。

将快递员视为自己的合作伙伴，总是客气地点头表示"一直以来，非常感谢"的服务人员；和颐指气使，居高临下地总是用下巴指使他们"把东西堆在那个角落里"的服务人员，他们之间的"信赖关系"有天壤之别。

有一位熟人，做建筑方面的工作，经常出入某中央政府机关，他曾经说："机关里的那些人，不是想让人交朋友的那种人，我只是为了得到工作订单才会去拜访他们。"因此他们之间只是"想要得到工作订单所以去拜访""让你做我们需要的工作"的关系，丝毫感觉不到人格上的吸引力，我总觉得这种关系太冷漠无情。

♛ 再加上一句话，就能让心灵的电流变强

要想在工作中增加自己人格的"信赖度"，其实只需要

培养一些"小习惯"。

比如,要认真地跟合作伙伴们打招呼。不要只说"早上好"就结束,再加上一句"天气骤然变冷了啊""咦?今天不是经常来的那位师傅啊"……把你注意到的事情,用一句话表达出来,只需要做这点小事就可以。

在日常问候中**"再加上一句话",就能改变与合作伙伴之间心灵交流的"电流强度"。**

通过这样的日积月累,彼此见面的瞬间,就会产生强大的"正电流"。

去那家公司让人心情很愉快,这也是"正电流"。

相反,如果让人觉得"那家公司的人总是高高在上,很让人讨厌",就会产生"负电流"。

一旦有过一次"正电流",下一次对方就会有这种想法:"今天的访问对象是那家公司,要高高兴兴地去",同时也做好了让"正电流"再次流动的准备。

即使没用言语表达,也能体会到对方"来到这家公司心情真好""见到你心情真好"的感觉。如果能建立起这样的工作关系，你不觉得很了不起吗？

♛ "电流"带来的"馈赠"

在重视日常"细小事情"的过程中，某一天，突然有一股强烈的"电流"从心头流过。

他是一个和我一直很要好的快递员。那天，他像往常一样把行李交给我的时候，突然又若无其事地对我说：

"前几天我去拜访○○公司的时候，他们正在讨论公司的周年纪念活动。好像在说什么会场这样那样的，感觉还没定好地方……"

这是"电流"轰然而至的瞬间。

仔细想想，快递员会去各种各样的公司，可能会无意中听到对方的谈话。

得到这个消息的销售负责人马上出发去了○○公司："贵公司明年是不是要迎接周年庆典了啊？""您消息可真灵通！"……像这样，又诞生了一段意想不到的缘分。

我想那个快递员,并不是在所有酒店都说了同样的话。因为我们是他信赖的对象,才会考虑"告诉他们吧"。而他们应该不会想着要把这样的信息告诉对他们总是居高临下、颐指气使"把东西堆在那边的角落里"的酒店员工。

只要你用心与对方沟通,构筑好与对方的信赖通道,某一天,你就会收到一份以"信息"为形式的礼物。这是只有在日积月累的交往中才能诞生的礼物。

> ★小贴士(point)
> 问候再加上一句寒暄,是赢得信赖的第一步。

有压倒性的存在感,却不会打扰客人!

符合该场合的"存在感"究竟是什么?

我认为,值得信赖的人,他们的存在感也不是一成不变的。

前几天,我在地方上的一家酒店住宿,在酒店的咖啡厅吃早餐的时候,咖啡厅里传来一阵"咔嗒咔嗒……"的声响。

放眼望去,女服务员们正在进进出出忙碌地工作着,每走一步高跟鞋就响一下,大家的脚步声叠加在一起,形成了很大的杂音,回响在早餐时间的咖啡厅里。

高跟鞋发出的嘈杂的声音,让早晨难得的咖啡香气都丧失殆尽。我还想"是不是我太敏感了",但是环顾四周,发现有好几位看报纸的客人都停下来,把目光投向了声源的方向。果然,在场的大多数人都介意这个声音。

"存在感"分为舒适的存在感和让人产生不快的存

在感。

在咖啡厅里，反复问"要再添一杯水吗"的店员，和看到客人需要的时候，安静、迅速地往杯子里添水的店员，哪个更让人感到舒适呢？

服务、待客以外的工作中，也是如此。自己的意见过于强烈，在会议上打断别人发言的人；明明是想给部下提建议，却反而削弱了对方干劲的人……尽管都是在千方百计地拼命工作，但如果搞错了"存在感"的表达方式，就会引发周围同事的不快。当然，像咖啡厅里，连杯子空了都注意不到的店员那就另当别论了……

♛ 感觉不到个人气息的存在感

这是我去纽约一家餐厅时的感受，负责我们桌子的是一位身材很好的黑人女服务员。阳光的笑容、活泼的举止、高挑的身材，存在感十足。

尽管拥有如此出众的存在感，但她在餐厅有些需要安静的地方会一边消除自己的气息，一边顺畅地工作。

那时，我和妻子正在讨论对纽约的印象，不知不觉间，她来到餐桌前，熟练地把饭菜摆上餐桌。没有一点多余的动作，而且完全没有妨碍我们谈话。

其他桌子也是一样，看着她默默地端着餐点，麻利地摆上餐桌的样子，我不禁感叹："真了不起！"她并不是沉默寡言的性格，却根本不问"咖啡是您的吗？红茶是这边的吧？"这样的问题，不会打断正在说话的客人们的谈话。

和想聊天的客人，她又主动搭话"还合您的口味吗"，或者"这个菜的食材是厨师特意采购的"……

杯子里的红酒还剩 1 厘米左右时，她就会悄无声息地靠近，轻轻地倒好酒。因为动作太过自然，以至于客人都注意不到。

当然，她也没有一丁点脚步声。

♛ 在自己周围竖起天线，决定自己的存在感

从一个人"存在感"的表现方式，就能知道他在所处

的场合中,是否经常有意识地竖起了感知的天线。脚步声、举止……从这些微小的细节中,对方总是会有所感觉的。

职业人士,就像调试收音机一样,总会找到最符合现场气氛的存在感的表达方式,并做出与之相匹配的调整。根据场合的不同,还会注意到自己的服装、小饰品……

这并不仅限于酒店工作人员。请回想一下你觉得值得信赖的人,他是如何在工作场所和会议中表现他的存在感的,该他站出来的时候,作为主角引人注目;该他扶持对方的时候,当好配角鼎力扶持。在与对方的交往过程中,总是能很快找到自己适合那个场合的存在感。

"存在感"的表达方式与信赖感的构筑息息相关。拥有让人感觉舒适的"存在感"的人,周围自然会聚集很多人。

> ★小贴士(point)
> 你时刻注意自己在所处场合中的位置和作用吗?你调整了自己相应的存在感吗?

"这样我就可以堂堂正正地收你们的钱了。"

专业人士严于律己

有一年，我和妻子在纽约过圣诞节。

圣诞季的纽约，街道被圣诞色彩装点得热闹非凡，到处挤满了人。我们走进了一家商场，想为妻子买一件大衣。

那时正好赶上圣诞节大甩卖，店里人山人海，可以用没有立锥之地来形容。

在熙熙攘攘的人潮中，我发现了一件大衣，是一件做工精细，颜色和设计都非常适合妻子的大衣。

但遗憾的是，瘦小的妻子试穿了一下 M 码，果然还是有点大。而卖场里找不到 S 码了。

"回日本后把袖子改一下，应该也能穿吧。"

"虽然感觉有点大，但是里面还要穿毛衣或夹克，这个码也行吧。"我一边说服自己，一边排队准备结账。

当我们排到收银台的时候,女收银员看了一下外套,又看了看妻子,说道:

"这个码对你来说太大了。"

她确实一语中的,我们也知道。于是,我跟她解释:

"是的,我知道是大一码,但好像没有 S 码了,就这样吧,谢谢你。"

但是,她并没有点头同意,而是对身边的同事说了一两句话,就消失在店里的角落里了。看来她是去仓库找库存了。

本来就已经忙得晕头转向的圣诞节大甩卖中,一名员工去仓库找库存的话,可想而知,又会增加其他员工的工作负荷。

就这样惶恐地等待了近 10 分钟。去仓库的店员终于回来了。

手上拿着两件大衣,一件是和刚才同款同色的 S 码,还有一件是同款不同色的,也是 S 码。

"这是今年的限定色哦。"

妻子试穿了一下，尺寸刚好。而且，限定色的那一件看起来更合适。

一开始，我们只是无意间喜欢上了这件大衣才考虑购买的，但事情发展至此，才发现这件大衣已经变成了一件"特别的大衣"。

一是因为它是有人特意从仓库里为我们找出来的、尺寸合适的商品，二是因为"今年的限定色"这句话让我们感受到它的稀缺性。

那一瞬间，我们脑海里"美国商场的服务不行"的定论被打破了。

我们向女收银员道谢后，决定购买她推荐的那一件大衣。

结账时，她满脸笑容说：

"这样我就可以堂堂正正地收你们的钱了。"这句话我至今还记忆犹新。

我想象着，如果同样的事情发生在日本会怎么样。

当然，我想也会有许多职业的商场服务员会帮我们寻找合适的尺码。但是，或许也有人会想："既然客人都说这样也可以，那就算了吧。"

纽约的女收银员，不仅考虑能否让顾客满意，也在追求自己能否接受，恐怕作为专业的工作人员，她无法允许自己马马虎虎地工作吧。

对自己有严格的要求，这可以说是作为一名专业人士，从事值得信赖的工作时，所必备的素质。而且，正因为严于律己，所以才能做到宽以待人，这也正是人类的美德之所在。

> ★小贴士（point）
> 对于自己的工作，你是不是会妥协"算了，就这样吧"，然后就结束了呢？如果养成了这样的习惯，不知不觉间你的工作就会失去光彩和他人的信赖。

"期待您再次归来"

故事始于"见面后的话语"

与顾客之间产生信赖感的故事，始于购买商品或服务时说的"最后一句话"。在这最后的一句话中，能投入多少诚意和用心是成败的关键。

"一路顺风，期待您再次归来。"

丽思卡尔顿为什么会对客人这么说呢？是因为这最后一句话，会让客人对下一次的见面充满期待。

在迪士尼乐园，"怎么样？玩得开心吗？"是最后一句问候语。

无论是餐厅还是酒店，最后会说这样一句话的地方还出乎意料地少。

试着用客人在场时的3倍、5倍、10倍的能量，和客人道别"您玩得开心吗？"，或者"今天的饭菜怎么样？"……如果不能让全体员工一起说"谢谢"，就让店入口的收银员送别也行，微笑着送客人出去时说一句"今天的饭菜您还满意吗？"……这样一来，回家途中，客人就会有"这个餐厅不错，来这儿真好"的感觉。

满怀"感谢您的光临""谢谢您特地为我抽出时间"……的真情实意，分别时最后再说一句话。

让客人产生"还想再来一次""还想再见一面"的想法，从而建立信赖关系的纽带，就是从这一句话开始的。

♛ 创作"信赖"故事的汽车经销商

这是我的朋友亲身经历过的一个故事。

他从旧金山的一家经销商那里买了一辆车。

买完车后，那位经销商会时不时地给他打电话，还会寄手写的明信片给他：

"我的车跑得还好吧？"

"是不是快到检查我的车的轮胎的时候了？"

……

车是朋友的东西，所以现实生活中，经销商说"我的车"是不正确的，但是我们都能明白，他想表达的是"我卖的车"的意思。通过这张明信片，能感觉到经销商"我一直在牵挂着……"的感情，还有其对汽车的爱护以及想自始至终照料这辆车的诚意。

有一次，朋友开车去长途旅行。深夜行驶在一个前不着村后不着店的地方时，车子突然熄火了。

朋友没有办法，就一直给 AAA①（相当于日本的 JAF②）打电话，但是，打了好几次都没接通。时间已经很晚了，置身于一个陌生的地方，他有点心慌意乱起来。

到底该怎么办呢？……突然，朋友的脑海里浮现出了经销商的面孔。幸运的是，手机里有他的联系方式，一拨号码，电话马上就接通了。

"哦，这不是○○先生吗，怎么了？"

"其实，因为车子熄火，我现在动不了。AAA 的电话打

---

① American Automobile Association，美国汽车协会。
② Japan Automobile Federation，日本汽车联合会。

不通，我正为难呢。"

"好吧，我来帮你联系，请稍等。"

经销商通过自己的熟人，为他安排了当地的救援拖车。而且，在救援拖车到达之前，他几次打电话联系朋友，并告知事态进展。

"现在，有个〇〇公司的人正在往那边走。虽然还没能联系到 AAA，但这种状况，后续会有 AAA 的保险提供保障，所以当场不用支付现金。"

"应该还有 20 分钟到，再忍耐一下。不管有什么事，可以随时联系我。"对于在人生地不熟的地方进退两难的朋友来说，经销商的每一句话，都给了他安慰、希望和力量。

后来，朋友只要听到日本驻外的员工们在找车，就带他们去这位经销商那里。

一切故事都是从那天晚上的一个电话开始的。

不管是什么样的商品或服务，大家在销售的时候都会说各种各样的好话。酒店也是同样，住宿期间会竭尽全力为客人提供最好的服务。但是，很多情况下，即使销售时投入了大量精力，却忽略了之后的售后工作。其中，也有些人一听到是以前的顾客打来的电话，就会警惕起来，以为是投诉。

但是，真正能建立信赖关系的，是从分别时的最后一句话开始的。

> ★小贴士（point）
> 建立信赖的纽带关系，从分别时的最后一句话开始。

第2章

培育信赖关系的

工作技巧

~捕捉未言明的期待~

"您希望大家带着怎样的心情回去？"

听出言语背后的期待才是专业的倾听

有一家企业，委托我们举办创业20周年纪念演讲会。

作为在酒店举办讲座的形式，一个固定的风格是把讲台放在金屏风前面，然后在那里发表演讲。

但是，丽思卡尔顿的销售负责人向主办方提出了这样的问题：

"你们举办这次讲座的目的是什么？"

主办方说：

"首先我想借此机会招待一下大家，并和一直以来与我们有业务联系的各公司与会者，建立新的双赢关系。"

"这个演讲会，对贵公司来说是个非常重要的场合，就像礼物一样，要送给光临的客人们吧。"

"啊，确实是！对特意花费时间和人力、专门来参会的客人们，的确想送上一份礼物！然后，还想要传达一个信息，就是让我们超越经销商、代理商等的上下关系，一起来制作更好的产品。"

"既然如此，那就把会场布置得和平时不一样，传达'一起变革吧'的信息怎么样？老一套的金屏风也不要用了吧？"

通过这样的提问，将客户"隐藏的愿望"显化为语言。通过把想法表达成语言，客户也会觉得"没错，没错！我想做的就是这个！"，从而更清晰地意识到自己的真实愿望。

然后，从客人意识到自己内心真正期望的那一瞬间开始，你们之间的信赖关系就建立起来了。

♛ 意识到自己内心真正期望的瞬间，信赖关系就建立起来了

有提案能力的人非常重视"倾听"，像说不出的真心话、潜在的需求……总是能慢慢地问出对方内心真正的想法。

大多数客人并没有意识到自己真正想要什么。比如，为了想在丽思卡尔顿举办婚礼，第一次来酒店的情侣；第一次为朋友举办生日派对，想给朋友一点惊喜的年轻人……大家都有自己的愿望，但到底做什么事情会让参加聚会的人们感到高兴，怎么做才算是一场别开生面的婚礼，却没有什么主意。即使有个大概印象，也很难具体到能告诉酒店方面"请这样做那件事"的程度。

但是，大家都不约而同地有这样的想法，"我们想办一个精彩的聚会""想让所有人觉得'那个人举办的派对令人太开心了'"。

将客人的想法提炼成具体语言，布置符合客人想象的场景，这就是专业人士的工作。在实施宴会计划过程中，"选用什么样的花来装饰""采用什么样的照明""播放什么样的音乐"……这样的事项，任何一家酒店都在做。

但丽思卡尔顿的聆听角度稍有不同。

"这次有100名客人，您希望大家带着怎样的心情回去呢？"

"您开这个会的目的是什么？"

如果是培训的话，"您期待这次参加该会议的人们，在三个月后，他们的价值观和行动发生怎样的变化？"

……

像这样，提出与目的、价值观相关的问题，才能让客人恍然大悟："对啊，这正是我想做的事情！"

无论什么工作，基本流程都是一样的。倾听对方的目的，试着按照自己的想法提出建议和方案。如果能从中看到对方期望的结果，工作也会更容易推进。

♛ 最终目标是让客户之间也建立起信赖关系

那么，就像开头所说的那样，如果会场的布置别具一格，那么当天的与会者们踏入会场的瞬间就会眼前一亮，"咦，今天的演讲会和平常的不一样啊"，进而对会议的内容也会满怀期待。

最后，如果再收到参会人员的点评"今天的演讲，让我受益匪浅。当我看到会场的布置时，我就明白了'变革'就是这样的"，客人和承办方之间又会因此产生新的信赖关系。

让客户之间也建立起信赖关系，这是酒店工作人员最终必须做的事情。

自己作为幕后工作者，该如何让参加会议的客户们之间建立起信赖关系呢？实现了这一点，主办方和作为承办方的酒店之间才会产生真正意义上的信赖关系。

| ★小贴士（point）
引导出对方隐藏在心中的愿望的瞬间，就会诞生信赖感。

"举办过大家都穿燕尾服的派对吗?"

想象对方的"限度",发挥想象力

为了将客户的愿望转化为语言,需要我们的"想象力"。

所以说在商业活动中,一说起最重要的能力,首先会提到的就是"想象力"。

在发挥想象力时,首先要听对方说话,一边听一边不断地将内容输入自己的想象空间。例如,要安排一个聚餐活动的时候,听着"男女的比例是7比3,大多数人50多岁",就联想到"要想让所有参加者都能乐在其中,还是日料比较好吧";再听到"客户中的○○先生不擅长喝酒",就想到"那也许选择无酒精鸡尾酒种类丰富的店好一点"等等,这样一步一步地,让聚餐活动的细节具体化。

像这样,将对方没有想到的,但是感觉"对方会因此而高兴"的印象具体化、语言化。换言之,就是调动自己所有五感来提出方案。

我在美国工作的时候，曾接到过一个关于"想开一个有趣的生日派对"的咨询。

参加者主要是年轻人，其中大多是情侣，不过也有几位上了年纪的，男女比例各占一半。

于是，我先试探着问了两个问题："到现在为止，你举办过什么样的派对？""至今为止你参加过的最难忘的派对是什么样的？"这样一问，就聊到了之前参加过的各种各样的聚会。

这位客人还没有体验过什么样的派对呢？

听到这里，我问道："那么，有没有参加过大家都穿着燕尾服和晚礼服的生日派对？"不出所料，还没有。燕尾服和晚礼服给人非常正式的印象，如果是年轻人的生日派对，一般不会这么正式。正是出于这个想法，我才特意提出了这个创意。

所有人都穿燕尾服和晚礼服，主题色是黑白（黑白的装束配上红玫瑰，很适合美国人）。既然是难得的机会，我提议，我们在照明上也下点功夫，把天花板用黑色和银色的气球填满，灯光从下面打上去，再开个风扇吹到气球上，让气球都动起来……对方听了以后说："太好了，就按这个方案做，拜托你了。"

当天，掌声雷动，非常精彩！

♛ 设想对方的"常识范围"再提出方案

这个黑白派对，是在和客人交谈的过程中，脑海里浮现出的画面。

一个人思考，是很难有灵感和创意的。正因为如此，倾听才显得尤为重要。一边听着对方的话，一边在自己脑海中展开想象，这正是要依靠在商业活动中任何人都不可或缺的想象力。

当然，根据对方不同，有时也有必要在其常识范围里提出方案。对于墨守成规的人来说，太新颖的想法反而会很失礼。他们会说："你在胡说什么呢?！燕尾服让老板一个人穿就行了!"(这也是他的想象力)。

所以,一边想着对方的常识范围大概在哪里,如果适当地跳出这个范围,他应该能接受,一边根据不同的对象来调整提案。

哪怕是一件很小的工作,面对 100 个人就要有 100 种不同的做法,这就是为什么要以全新的感觉面对每一次工作。能否将这种工作方法坚持到底,对培养信赖关系是非常重要的。

> ★小贴士(point)
> 借助想象的力量,提出对方意想不到的方案。

"我想确认一下电话内容,您看看是否正确?"

确认传达结果的有效方法

英国剧作家萧伯纳曾说过:"沟通最大的问题在于,人们想当然地认为已经沟通好了",所以在酒店的工作往来中最重要的就是要确认、确认、再确认。

♛ 为了避免"说过还是没说"的争论

与客人之间的谈话自不必说,在工作中也一样,为了避免之后出现"说过还是没说"的争论,在接到委托的时候就要尽可能将其书面化,这是最基本的习惯。如果是邮件委托,自然会留下记录,所以没有问题,需要注意的是电话委托的时候。这时候,要及时把内容书面化,之后见面时,拿着书面的谈话内容,直接跟对方确认"这是前几天咱们电话里联系过的事项，我总结了一下，你看看有没有错误？"

工作中最可怕的是"一厢情愿"。自己"以为"对方知道了，其实对方并不知道。

绝对不要有含糊"原本打算……""我以为……"，要在"明白了！知道了！"的确认下工作。跟对方的确认，哪怕做到让对方觉得不耐烦都不嫌多。

我们负责掌管客人的时间和金钱。因此，为了能给客人提供超出预期的产品和服务，首先要让客人切实感受到"我确实理解了你的意图"。为此，"确认"这一环也是不能马虎的。

♛ "那么做，会发生什么结果？"

在职场中，不能只是"传达"，一边确认"对方是否理解了"一边推进工作是非常重要的。

丽思卡尔顿的创始人霍斯特·舒尔茨也强烈认识到了

这一点。

开会的时候,他总是在详细地解说完将要做的事情之后,指定一名会议参加者:"请把我刚才说过的话重复一遍。"

复述的过程中,大概会发现理解模糊的一两个地方。

当听到复述者说:"这部分我是这样理解的,有什么不同吗?"

舒尔茨一脸"完全没有懂我的意思啊"的表情,开始再讲一遍。这一遍解释完毕后,又会指定另一位参会者,"这次你再重复一遍我说过的话"。

当被指定的人在某个地方提出异议时,舒尔茨就会耐心地说:"那么,我再讲一遍吧。"然后开始第三次说明。

舒尔茨通过让参加者重复他讲过的内容,来确认是否确实按照自己想表达的意思传达到了每个人那里。

但是,如果是在日本,直接使用这个方法有一定的难度。

在美国,普遍使用"Repeat what I said"(请重复一下我说过的话），这样说，就能直截了当地确认沟通是否到位了。

但是在日本，如果你说"请你再重复一遍我说过的话"，对方可能会感觉是在责备他，怎么都会觉得别扭、不顺畅。

于是，我想到了一个一边委婉地提问，一边确认的方法。

具体地说，我会在说明结束之后，提出这样的问题：

"你能不能设想一下，在你所在的部门中实施我刚才说的话的时候，会采取什么样的具体行动？然后给出一些方案。"

传达事项的目的是让对方采取行动。因此，通过询问对方"会采取什么样的行动"，来验证对方是否正确地理解了我想传达的信息。

即使是一次"确认"，也需要根据不同的对象，使用不同的说话方式。

★小贴士（point）

在确信"完全理解"的基础上采取行动，才会诞生有信赖感的工作。

"在我的印象中，好像是明天……"

纠正客人错误时的措辞

当意识到对方的错误时，该怎么办呢？

丽思卡尔顿的客人中，约有一半是商务住宿。因此，接待员负责保管工作文件、接收预约时间的通知等，有很多服务涉及客人工作的业务往来。

在商务活动中使用酒店的客人背后，还有很多员工及其家人，一项商务活动的成败，关系到很多人的生活。

考虑到这一点，当发现客人弄错了航班、新干线、预约等的时间时，马上当场纠正最好，而且显得比较亲切。

例如，酒店方面通知客人，"明天的会议是三点钟"，而客人误以为"会议是后天三点钟"，这时候就要准确无误地告诉他会议时间是明天，这种姿态关系到客人对酒店的信赖感。

这时如果有"总觉得不好意思说""怀疑可能是我弄错

了"等理由，而犹犹豫豫地不指出来，那么客人很有可能失去重要客户的信赖，也可能蒙受巨大的经济损失。

通过弥补客人的失误，还能帮助客人保持其值得信赖的形象。

值得信赖的工作，不会仅仅停留在原地，它会连接到下一个"值得信赖"的工作中，从而一个接一个，诞生一连串值得信赖的工作。

话虽如此，指出错误的时候，也不能直截了当地说"客人您好，不是后天，而是明天"。也有可能是自己弄错了，所以不要单方面断定，要以"可能是我搞错了"为前提来询问。

"在我的印象中，好像是明天……能请你再确认一下吗？不是明天吗？"

把"明天"这个词说两遍，客人心里就会产生"这么说来，也许是明天吧，我来确认一下"的想法。

如果确认的结果，证实了是客人的错误，那就是维护了客人的信誉。

即使是自己弄错了，只要礼貌地道歉说："非常抱歉，是我记错了。"也不会让客人感到不快。反而能让客人感受到你想要维护客人信誉的姿态，从而与客人之间建立更牢固的信赖关系。

"擅自为您准备了一辆豪华轿车。"

体察对方"不能用言语表达"的理由

体察客人尚未言明的想法和愿望,并给予回应是工作的乐趣之一。

为了回应对方内心的想法,真心实意地面对对方,一边感受他的视线,一边捕捉细微的变化,找到最大限度能够做得到的事情。如果能通过工作掌握这种能力,那就很了不起。

♛ 新娘真正的想法是?

这是一个婚礼的故事。

婚礼对于新郎、新娘来说,是两个人要一起开始创造未来生活的重要仪式活动。同时,让祝福两人开始新生活的家人、朋友们聚在一起,度过这段愉快的时光也是非常重要的。

有一对来咨询婚礼的客人。接待的时候，婚礼负责人询问了新娘的成长经历，得知新娘幼年时父亲早逝，是母亲独自一人，含辛茹苦把她抚养成人。确认仪式的参加者时，发现新娘这边出席的不是公司的同事，而是一直在支持努力养育自己长大的母亲的邻居们。

当时，婚礼负责人觉得"新娘是不是也想通过婚礼向自己的母亲表达感谢之情？"，可能也考虑到新郎父母的缘故吧，新娘对自己母亲的感情没有单方面用语言表达出来。但是，婚礼负责人很好地感知到了这个没有用言语表达出来的心愿。

策划时，婚礼负责人一直在想"这样做的话，是不是就能向新娘的母亲传达感谢之情了呢"，最后，按这个思路提出了方案。

"在这个时刻这么做的话，我想您的母亲也许会很高兴。当然，我想新郎的母亲也会同样高兴。"

通过这样的表达，新娘觉得"你们真是太理解我的心情了啊"！像这样，我们体察到了对方的心愿，所以能够实践只有在体察到这种心愿后才能做到的、值得信赖的悦客服务。

♛ 就当作是"自作主张"

客人不说出自己心愿，有时候也有一定的理由。

这个婚礼当天，新娘的母亲住院了。

作为新娘，她一定是想让母亲看到自己盛装出嫁，但是，她可能也想，现在如果说出这样的愿望，别人会觉得她太任性。

感受到了新娘这个想法的婚礼负责人，特意准备了豪华轿车。在教堂的婚礼仪式结束后，让新郎、新娘和神父乘坐豪华轿车，去了母亲的病房里再次宣誓。

同时，酒店工作人员向新郎方面的亲朋好友们解释道：

"我们和新娘的母亲见面时，感觉她非常期待看到女儿出嫁，所以我们就自作主张，准备了一辆豪华轿车，能给我们 30 分钟时间吗？"

酒店方面解释说是他们的"自作主张"，这样也没有给新娘增加任何心理负担。

如果能感知到对方没有用言语表达出来的需求，就能演绎出如此美妙的场面。

有了这么感动的故事，这位客人结婚一周年、三周年、五周年……的纪念日时，也一定会再来这家酒店。

对方为什么这么说（为什么不说），用想象力去挖掘客人内心的真实想法，就能让你感受到对方强烈的信赖感。

| ★小贴士（point）
只有觉察到对方"尚未言明的"需求，才能诞生信赖感。

"要是弄脏了新娘的婚纱可就麻烦了！"

饱含体贴的一句话，能给人莫大的安心感

像婚礼等一生一次的重大活动，几乎对大部分人来说都是第一次。理所当然，很多人都会非常紧张。

但是，如果服务方能够从容地营造出"就交给我吧"的氛围，客人也会放心地认为"交给这个人好像没问题"。在此基础上，酒店方面还会用心安排气氛热烈、有紧张感的活动庆典，让客人享受仪式的紧张感，也让庆典张弛有度地进行。

那么，在安心的同时又享受紧张感是什么意思呢？

例如，新娘穿着婚纱，而服务的酒店工作人员却穿着休闲鞋，会有什么样的感觉？"这个人是临时工吗？这个人陪着我没问题吗？"这样，新娘就会感到不安。

另外，即使穿着整齐的鞋子，如果是刚刚涂过鞋油的鞋，新娘可能也会觉得"这个人不知道怎么想的，婚纱上可千万别沾了鞋油",以至于可能无法集中精力在婚礼上。

客人对酒店工作人员的仪容和服务产生不信任感的瞬间,就会产生一种与仪式无关的不安和紧张,从而无法真正享受仪式和庆典带来的紧张感。

从这个意义上来说,"安心"也是构成信赖的要素之一。

♛ 非要拘泥于"传统"的理由

在很多酒店里,婚庆服务员都穿着普通的皮鞋。

擦普通皮鞋的时候要用鞋油,这样就有可能把鞋油沾到新娘的婚纱上,那就麻烦了。

因此,在丽思卡尔顿有穿漆皮平底鞋的传统。漆皮鞋保养的时候,不需要用鞋油,所以也不会弄脏鞋接触过的东西。

但是,在很多婚礼上,很少看到穿着漆皮鞋的酒店服务员。那是因为顾虑鞋子"不能比新郎的更锃亮"而在有意回避。

但是，如果是"不能弄脏新娘的婚纱"这个目的，漆皮鞋才是最正确的选择。

在一个仪式上，新郎没有穿漆皮鞋。因此，穿着漆皮鞋的酒店服务人员的脚就显得格外显眼。也许新郎会觉得"酒店服务员的鞋比主角我的还要锃亮"，从而感到不快。

这种时候，可以事先告诉他这样一句话：

"要是弄脏新娘的婚纱可就麻烦了，所以今天为您提供服务时，我得穿不用鞋油的漆皮鞋。"

这样一来，新郎新娘就会明白漆皮鞋的用意，觉得"原来他们连这么细微的地方都考虑得这么周到"，从而更加安心。

如果参加婚礼的亲戚朋友对新娘说："酒店的服务人员穿那么锃亮的鞋子啊。"新娘会说："他们为了不弄脏我的婚纱，特意这么做的。"亲戚朋友也会理解："这家酒店连这么小的细节都注意到了"，由此一定会对酒店产生好感。

"要是弄脏了新娘的婚纱可就麻烦了……"这句话比抽

象地说"我们致力于提供为顾客着想的服务"更能打动人心。

听到这句话的客人,应该不会再在意那些琐碎的小事,转而纯粹地享受婚礼的紧张感。

而且,会产生信赖感:"既然连这么小的问题都考虑到了,其他的都交给他们,肯定没问题,可以放心了。"

所谓信赖,就诞生于这些小小的关怀、体贴带来的安心感中。

与"第一次〇〇"的人接触时,一定要下功夫让对方有"安心感"。有了这份"安心感"保驾护航,对方对你的信赖程度应该也会有所改变。

> **★小贴士(point)**
> 让人感到"安心",也是建立信赖关系的一条途径。

"感谢○○先生为我们介绍了重要的客户。"

加深客人之间的感情，也是专业人士的工作

因为工作关系，客户之间也会互相介绍，比如，有交情的、交往亲密的老客户就会时常介绍一些新的客户过来。

酒店也会通过常客的介绍结识新客人。"常客的介绍"是加深、丰富人脉关系的绝好机会。

与被介绍的新客人见面时，如果仅仅说"是的，我们从○○先生那里听说了"，就很难展开更多的话题，作为初次见面的交流，如果是这样的开端，我觉得太可惜了。

这里的重点是，让新客人觉得"我可是被一个很厉害的人介绍来的"。

迎接新客人，问候寒暄之后，记得加上一句这样的话：

"我们非常感谢○○先生（常客）为我们介绍了重要的客人。关于○○先生（新客人）的事儿，他也告诉我们了，

我们会竭尽全力去做。"

即使只是简单地传达经过,新客人也会明白"○○先生是被酒店重视的人"。

这也能进一步加深常客和新客人之间的关系。

♛ 避免谈论有关个人信息的话题

这里必须注意的是,要避免:

"○○先生(常客),在××的时候一直承蒙他的关照……"

诸如此类,涉及有关常客个人信息的话题。

个人信息的处理方式与信用问题息息相关。另外,常客要是想到别人可能会这样谈及自己,也会感到不安。

♛ 哪怕只言片语,也要向介绍人表达感谢之情

新客人离开后,要向作为介绍人的常客表示感谢。最

近很多人习惯发邮件，如果可以还是打个电话更好。

"承蒙您介绍的××先生，按照原计划，昨天入住、今天离开了。这次真的非常感谢您的介绍。我们期待您早日归来。"

如果是酒店以外的场合，就说"我们今天〇〇点，将和您介绍的〇〇先生约好见面，非常感谢您的介绍。"

道谢不要太夸张，只要有"我就是想说这句话，所以才给您打电话的"这样的心意就可以了。

这样一来，介绍人会觉得"他们是认真对待我介绍的客人的"，也能感到安心。

♛ 通过他人转达心意的意义

有了这样的铺垫后，客人之间会产生互动。

恐怕新客人会向介绍人道谢："在酒店里过得很愉快，非常感谢你的介绍。"

常客介绍人可能也会由此加深对酒店的信赖："酒店也给我打电话了，你过得开心就太好了。"

而且，在对话中，新客人可能还会说："酒店的服务员也十分感谢你呢，你和酒店的关系很不错啊。"

这一点具有非常重大的意义。

请想象一下你被别人夸奖时的情形。

一种是直接听到上司对你说"你最近工作很扎实啊"；另一种是从客户那里间接听到的称赞"你的上司○○先生，总在外说'我们公司有非常优秀的员工'，在炫耀你哦"。比起受到直接称赞的喜悦，听到间接称赞时的喜悦感是不是倍增呢？

像这样，通过向新客人打招呼，可以增强常客、新客人和自己三者之间的纽带联系。

专业人士一边在脑海中设想着这样的画面，一边诚心诚意地面对每一次交流。

★小贴士（point）
让客人之间的关系更加紧密，也是一种建立信赖的方法。

"那么,我们这样编排可以吗?"

配合客人的节奏,兴奋感会更加强烈

在谈话的时候,察觉对方"情绪的节奏"是很重要的。例如,纪念日时,想光顾酒店的客人打来了预约电话。

客人对纪念日都抱有特殊的感情,也就是都有那种"欢欣雀跃、迫不及待的心情"。"想在你们酒店举办公司20周年纪念派对""想庆祝结婚10周年"……为了配合客人这种"迫不及待"的情绪节奏,"那么,您觉得这样的编排怎么样?""那样的创意怎么样?"可以试着提出一些丰富多彩的提案。由此,客人的兴奋感会变得更加强烈。

和客人情绪节奏合拍,就会让客人产生"我还是想把自己重要的纪念日交给这家酒店"的信赖感。

那么,如果没有察觉到客人"欢欣雀跃、迫不及待"的兴奋感,会怎么样呢?"好的,我们知道了。我们这里是按照这样的流程来推进的……"这种照本宣科的说明,一不小心就会给客人留下冷眼旁观的感觉。

这样一来，客人"欢欣雀跃、迫不及待"的情绪节奏就会放慢，对纪念日的期待感也会减弱。

察觉并配合对方情绪的节奏，是建立信赖关系的第一步。

♛ 如果能迎合对方的兴奋感……

发表和商谈也是一样的。根据对方的期待和内心的节奏来提议的话，对方对你的印象就会发生变化。

假设某公司想马上将新产品推向海外市场，请了两名咨询师做评估报告。

咨询师小 A 给出了这样的建议：

"这个商品只能被一小部分市场人群接受，是小众商品。首先，我们要对金砖国家[①]现在贩卖的同类商品进行市

[①] 金砖国家：BRICS，巴西、俄罗斯、印度、中国和南非的英文首字母。

场调查，从中看看可能性有多大。"

咨询师小 B 一边看资料一边说：

"这个商品相当小众，为了最大限度发挥商品价值，就锁定金砖国家中这个国家的市场吧。我们也要做进一步的市场调查，但也有数据显示，与此同类的产品在当地也相当畅销，这个国家今后的发展值得期待。要不就先从做个样品开始吧！"

两位咨询师，想说的话和最后的结果恐怕都别无二致吧。

但是，听两个人的谈话，进入下一阶段的节奏感截然不同。小 A 说"首先要做市场调查"，而小 B 已经说到做样品了。符合公司"现在马上就想行动"意愿的，不正是小 B 吗？

♛ 控制节奏感

相反，也有需要让客人冷静下来的情况。

例如，处理投诉就属于这种情形。

这时候，客人的情绪一般都非常激动，而且很难让这种冲动的情绪冷静下来。

如果我们只是一味低眉顺眼地倾听，那么客人在说话的过程中，就会想起更多事情，"有这样的事情！还有那样的事情。你们怎么解释！给我看看你们的诚意！"情绪会越来越失控。

专业的酒店工作人员能够察觉到客人的情绪，掌握主导权，会思考如何引导客人的情绪，并采取相应的行动。

特别是在接到投诉时，需要在控制客人情绪节奏的同时，一点点地换挡。例如，更换负责人、将现场转移到播放舒缓音乐的房间、一边拿出甜食一边交谈等，改变应对方式和环境也是一种控制节奏的方法。

接下来最重要的是看清客人的不满在何处。

除了恶意投诉之外，大部分客人之所以投诉，是因为提供服务的一方有一定的责任。但是，加上客人的情绪，会有服务提供方的过错被夸大的情况。

首先要承认错误，郑重道歉，诚心诚意表达自己的歉意是第一步。

然后，在迎合客人情绪节奏的同时，将问题点还原到根本的不满上。

"谢谢您如实告诉我，真的非常感谢。我想您可能也有不想提及的事情，但对您所说的这些，我们表示由衷的感谢。"

然后，当客户的情绪稳定下来后，"我们将深刻地反省这次失误，为了您的下次光顾，我们将更加努力"，为以后的延续留下可能性。

> ★小贴士（point）
> 工作中，时刻注意客人情绪的节奏感，也是建立信赖感的诀窍。

"正好在来酒店的路上,看到一朵盛开的鲜花很漂亮,我就摘了回来。"

带着"爱美之心"工作

工作出色的人,并不只是认真完成规定的工作。他们的共同点是,很享受工作,总感觉内心很从容。

从这些人的工作状态中,可以感受到某种"爱美之心"。这里不是指外表的装扮,而是内在的美。

工作中不经意间的动作、流露出的表情……都能映射出一个人内在的爱美之心,有时会有周围的人与之产生共鸣的瞬间。

成为"丽思卡尔顿酒店 LLC 公认亲善大使"的井上富纪子女士,周游了世界各地的丽思卡尔顿酒店,并著书讲述了在那里遇到的一个个感动瞬间。其中,在有关丽思卡尔顿令人印象深刻的经历中,她介绍了以下故事。

在埃及丽思卡尔顿逗留期间,有一天,她正在游泳池边休息,这时,负责游泳池的服务员来上班了。

他手里拿着一支插在杯子里的花。

"正好在来酒店的路上,看到一朵漂亮的花,所以我特意为富纪子摘了回来。"

我觉得这个酒店服务员的工作方式很潇洒、聪明。首先,从家到酒店的这段时间,也在为客人着想。

并且,拥有重视季节感的感性。而且,心情也很从容,上班途中还能看到路边盛开的野花。

正因为具备了这三点,才会自然而然地产生了给在泳池边休息的客人送花的想法,并付诸行动。这一系列流畅的工作让人感觉到他是个有爱美之心、潇洒利落的人。

♛ 为什么"小小的野花"让人印象如此深刻?

走进酒店房间的时候,如果被一大束鲜花迎接,当然会很开心。但是,这种体验累积了几十次之后,还能记住哪个房间有过哪些花就很难了。

但是，在游泳池边准备的野花，却成了永久鲜明的记忆，作为一个小小的故事，永远留在了客人的心中。

想一想在上班途中，小花突然映入眼帘，"对了，我要把这个送给富纪子。"这样想着去摘花，我真想为他的纯真温柔鼓掌。

通过接触这种会享受生活的员工，"丽思卡尔顿真是一家很舒适的酒店"这样的情感就会油然而生。

无论什么工作，都能将自己的心意传达给对方。但要做到这一点，首先要让自己学会享受工作。

这样一来，眼前的风景也会变得有所不同。

例如，为名片不够用的客人，在酒店制作名片的服务员。这时，服务员用打印机打印完名片以后，需要将名片一张张剪裁下来。

在着急的客人面前，熟练地准备好名片递过去或许可以称之为是"正确的"服务。但是，这时要是准备两把剪刀，把其中一把递给客人，笑着催促客人"一起做吧！"也无疑是一种潇洒的、享受工作的方式。

★小贴士（point）
无论什么时候，都要随机应变，保持从容。
这是能够产生打动人心的创意方案的秘诀。

第 3 章

与合作伙伴
建立"信赖"关系

~团队合作，谱写美丽篇章~

"合作伙伴"的涵盖范围？

与合作伙伴互相成就，共同进步

工作上的"合作伙伴"，如何界定范围才好呢？

在酒店，有摄影师、音响/照明师、夜间保洁人员、出租的商铺等，还有许多签订了合同的商家，以互相协作的形式开展工作。除此之外，还有邮局、快递公司、出租车公司等，虽然没有签署合同，但是一起工作的从业者不少。

所有跟酒店有关的从业者，在丽思卡尔顿都被称为"合作伙伴"。我们把他们当作是共享丽思卡尔顿的目标和理念，"一起工作的，重要的合作伙伴"。

所以，当我们举办培训、研修等活动时，也会尽量邀请这些在酒店内工作的合作伙伴们一起参加。

在丽思卡尔顿，每天早上，各部门都有开班前例会[①]的惯例。

[①] Line up，也有人将其直译为"列队"。

大阪丽思卡尔顿开业的时候，每天的班前例会也会邀请酒店的这些合作伙伴们一起参加。根据班前例会上获得的信息，"今天宴会的客人是这样的客人，看到这个信号，大家要这样动起来，照明要打到那个地方，我们要把鲜花摆成这个样子……"合作伙伴们纷纷开始分头确认自己要做的事情。

然后，还会告诉合作伙伴们这次宴会的由来，以及客人有什么期待，等等。"齐心协力款待客人"成了大家共同的心愿。

丽思卡尔顿自创立起，它的愿景，就是提供能赢得世界一流评价的服务和款待。无论是酒店员工还是合作伙伴，因为每天在一起共同工作，所以能共有这一愿景。

丽思卡尔顿将这一愿景比喻成"北极星"。在北半球的任何地方都可以看到北极星。同样，作为北极星的丽思卡尔顿的愿景，跟职位、雇用形态无关，是谁都能看得见的存在。北极星的存在，能让大家有一种朝着同一个方向，做同一件事情的安心感。

所以，音响、照明师并不是"在宴会上播放音乐，开灯关灯的人"，花店的老板也不是"来送花的人"，而是共享丽思卡尔顿愿景的合作伙伴，是作为丽思卡尔顿的一部分的重要存在。

♛ 与合作伙伴共同成长

是否能够提供成长的机会，也可以说是信赖的晴雨表。

比如，大阪丽思卡尔顿开业一年半之前，我就带领负责音响效果的合作伙伴，数次去海外其他一些丽思卡尔顿酒店进行实地考察。我想通过实地走访海外丽思卡尔顿，让合作伙伴切实感受到丽思卡尔顿究竟是一个什么样的酒店，它所追求的水平高度在哪里。

回国后，合作伙伴方主动给我们提出了他的方案。

"在拉格纳尼格尔的酒店看到的是这个水平，但是大阪店恐怕接受不了吧？"

"既然要做，那咱们就用国外还没有的日本的最新技术吧。如果是国外，或许会在这里放置一台硕大的音箱，但是如果使用日本的技术，可以把音箱置入墙壁内，这样从外面就看不出来。"

就这样，只有丽思卡尔顿才有的众多创意源源不断地涌现出来。

我从入驻大阪丽思卡尔顿的一家插花店老板那里听到这样一个故事。

那家公司开全体会议时，每次问到"还有什么问题吗"的时候，总是有那么几个人会马上举手。

无一例外，这几个人都是在大阪丽思卡尔顿的插花店里工作的员工。

如果大家为了一个共同的愿景工作，就仿佛打开了"有没有我们可以参与提案的地方"的开关一样。

这家插花公司的负责人也意识到了这一点，他说："大家或许都是为了个人的成长而抢着要去丽思卡尔顿工作的吧。"

时刻考虑把因为机缘巧合而在一起共事的人们当作

"合作伙伴"来对待,相互学习,共同提高。如果能做到这一点,那么彼此的信赖关系、作为合作伙伴所能达到的高度,就会有云泥之别。

> ★小贴士(point)
> 把从事同一项工作的所有人都看作拥有相同目标的"伙伴",工作的性质就会发生变化。

眼神接触!

要有"一起创造工作"的意识

客人是否信赖一家公司,其中一个关键因素在于"在那里工作的员工之间是否具有良好的人际关系"。人际关系是否融洽,即使不用语言表达,客人也能切实感受到。

例如,计划举办婚礼的客人都知道,要想办好一场婚礼,关键不是靠婚礼负责人一个人的力量,而是要依靠酒店工作人员之间的团队合作才能实现。

与客人见面时,每个人都要整理仪表、面带笑容、尽可能地努力,以给客人留下好印象。但是,职场内的人际关系问题并不是一朝一夕就能解决的。

这就是为什么敏感的客人会感受到这家公司内部的人际关系,并以此来判断这家公司是否真的值得信赖。

有一对夫妇来和一位婚礼销售员咨询相关事宜时,销售员给他们上了咖啡。

商谈中,销售员注意到女士的咖啡很快就喝完了,于是,他看了一眼对面的同事,又将视线转向了咖啡杯。

就在这一瞬间,接收到眼神示意的同事,马上拿着咖啡壶来到旁边问道:"要不要给您再添点咖啡?"

然后一边往杯子里倒咖啡,一边说:"不好意思,刚才没有注意到,咖啡还合您的口味吗?"

女士回答说:"我特别喜欢喝咖啡,这个咖啡味道很不错。"

"我们很高兴您能喜欢,谢谢您。"这样,谈话就能很融洽地进行下去。

♛ 客人从"团队合作"中得到的感受

有很多公司,都是销售员说了:"喂,对不起小〇,再来杯咖啡吧",然后附近的工作人员才会起身,端上来一杯咖啡。

但是,也有像前述的例子,销售员一句话也没说,只是一个简单的眼神交流，就有人端来了咖啡。比起对婚宴本身的详细说明，这一点更能给客人留下深刻的印象。

客人不仅仅想知道这家公司会提供什么样的商品和服务。例如，如果是在酒店举行的婚礼，客人想知道的不仅仅是酒店会准备什么样的鲜花、什么样的美味料理。

客人在知道酒店会提供准确无误的服务的基础上，还有一种迫不及待的兴奋感，"这家酒店的工作人员，会怎样为我们编排这场精彩的婚宴呢？"所以才会来咨询。

什么话也没说，咖啡马上就续满了。这种团队合作的默契，在客人心目中比任何高谈阔论的宣传都有说服力。

> ★小贴士（point）
> 一个眼神交流就能推进工作，比任何语言都要有说服力。

"能帮忙补救一下我们的失误吗？"

团队的事后补救，能挽回客户的信赖

工作中，为了跨越部门内和团队之间隔阂的"篱笆墙"，共享失败信息也很重要。

假如在大阪的酒店里，某楼层已经安排了 A 公司的绝密会议。无巧不成书，竞争对手 B 公司的会议也被安排在了同一楼层，这就是一个失误。如果对方以"○○自主研学会"等的名称预约，发生这样的事情也不是不可能的。

即使当时向客人致歉，并得到了客人的理解，但三个月后，A 公司又要在同一家连锁酒店的东京分店开会，这时，客人应该会不安地想："这次不会再出问题吧？"

但是，如果正好这个时候，东京酒店的负责人，发来了以下的邮件：

"我们收到了大阪○○的报告。上次给贵公司惹了很大的麻烦，真是非常抱歉。因为这件事，我想您可能对下次贵公司在东京的会议也会有所担心。这一次，请您放心地交给我们吧，我们吃一堑长一智，不会再犯同样的错误，一定竭尽全力把这次会议办好，让大家满意。"

如果有这样的跟进，客人就会觉得"这家酒店的团队合作做得很到位"，这封邮件，成了给他们安心感的重要材料。

努力防止失误发生是理所当然的，但当失误发生以后，各部门能否联合起来，互相帮助，尽力弥补，对于重新获得客人的信赖也是很重要的。

"我这边发生了这样的失误，很抱歉，有什么补救措施可以帮忙跟进一下吗？"像这样，尝试跨越部门之间隔阂的"篱笆墙"，互相帮助、团队一起合作，去尽力挽回损失。

> **★小贴士（point）**
> 如果团队能一起跟进，弥补失误，就能让客人对整个公司产生信赖感。

"至少可以派俩人去支援。"

从广阔的视角解决问题

能与职场内相互信赖的同事们齐心协力地工作,也是工作上的一种理想状态。

例如,在酒店的中式餐厅,聚餐的客人中,有一位不太喜欢油腻食物的老人没怎么吃饭,服务员便专门为了他,悄悄拜托日式餐厅的服务员从日本料理店端来了荞麦面;负责配菜的外部合作伙伴突然来不了了,其他部门的人就会去帮忙……

无论是意外的惊喜,还是困难时的支援,都是由于有同事们的团队合作才得以实现。

这里需要我们不仅仅要看到自己的工作,还要从一个能俯瞰整个职场的更广阔的视角来发现问题[从这种视角产生的服务称为"边缘服务(跨部门支援)"]。

为此,丽思卡尔顿有几种特殊机制。

♛ 俯瞰全局的"班前例会"

第一个机制就是前述的"班前例会"。

要想大家能拥有俯瞰整个职场的视角，前提是职场内要做到信息共享。

丽思卡尔顿的"班前例会"时间里，各部门之间会互相分享今天的工作安排。

例如，今天有什么样的宴会预订、餐厅在进行什么样的宣传、前台会有什么样的VIP莅临……一定要确保在职场内共享类似的信息。

在每天不断共享信息的过程中，每个员工会逐渐具备俯瞰全局的视角。

这样一来，大家就会意识到自己是紧密联系的整体中的一分子，也会慢慢展现出跨越部门壁垒，互相帮助的工作姿态。

有一天，早上的"班前例会"上确认了"今天有两场婚礼和一场宴会，此外还有三场小规模会议"。

这时，前台工作人员也好，销售工作人员也好，就开始考虑"今天活动比平时多，人手够用吗？"

然后，各部门的领导要思考接到 SOS 信号时的应对策略。

"我们部门可以派俩人去支援。

"这种时候，派○○和□□去支援比较好"……会这样事先模拟好具体的应对方案。

实际上收到 SOS 的时候，已经有了商量好的方案，所以领导可以瞬间发出指示："○○和□□，能去支援一下宴会部吗"，同时也能保证自己部门的工作顺利进行。

♛ 跨越部门壁垒，就能找到解决方法

假设现在遇到了这种情况："某个时段，送餐服务的订单很集中，但电梯根本不动，要么一直不来，要么各层都停，无法及时将餐点送到客人房间。"

根据送餐服务人员提出的问题，前台和客房部共享问

题后，一起讨论了根本原因和对策：

"送餐服务集中在哪个时段？"

"从这个时间到这个时间……"

"啊，这个时段正好是客房部服务员在各楼层用推车分发床单、毛巾的时间，那我们改一下时间？"

"原来如此，是这样啊，那么就拜托你们错开一下时段……"

这样，就从根本上解决了问题。通过跨越部门壁垒的"篱笆墙"，很容易地找到了对策，但是，如果只依靠送餐服务部门的内部沟通，就得不出这样能够轻松解决根本问题的方案。

垂直型组织遇上问题，往往只依靠自己部门内的力量来寻找解决办法。如果只是送餐服务部门内的工作人员一起讨论，"那就考虑一下可以缩短时间的菜单吧"，就只能得到这样扬汤止沸的对策。

但是，进一步思考，这种方式得到的改善方案，真的提高服务品质了吗？结果自然是导致后退的可能性反而更大。

发现问题时,重要的是思考并洞察"造成问题的根本原因是什么"。

"那个时段的送餐服务订单很多""那个时间不能使用电梯",这绝不仅仅是一个部门的问题,这是需要跨部门,整体思考才能找到解决对策的问题。

▅ 工作中直觉力强的理由

人们常说丽思卡尔顿的员工"工作中直觉力很强"。那是因为,在任何紧急情况下,他们都能主动采取行动、冷静应对。

但是,在"直觉力强"的背后,隐藏着日积月累的信息共享、俯瞰全局的视野和模拟应对紧急情况的能力的培养。也就是说,这种日常性的习惯化训练逐渐加强了员工们的直觉力,进而能在工作中游刃有余。

我认为,养成彼此之间跨越部门壁垒交谈、讨论的习惯，是打造强大组织、团队的关键所在。

即使你的职场中没有这样的机制，也可以尝试从借用其他部门的智慧开始做起，随着这样行动的不断积累，职场会发生积极变化。

> ★小贴士（point）
> 借助其他部门同事的智慧来培养自己"俯瞰"职场的视角吧。

"其实我听到了这样的传言,怎么样,真有这回事吗?"

为了维持信赖关系,要有勇气确认难以启齿的事情

无论看起来多么坚如磐石的信赖关系,都有可能在某个地方出现破绽。

这就是为什么说"信赖关系建立在微妙的平衡之上",有这种危机感,才是建立信赖感的第一步。

如果没有忘记危机感,那么即使面对已经建立起来的信赖关系,也会努力去维护,并使之更加厚重,而不会自满、自负。

♛ 一张明信片传达"关怀"的心意

关于"信赖关系的维护",我想起了与丽思卡尔顿当时的副社长莱奥·哈特一起度过的日子。

他离开公司长期出差的时候，经常会在旅途中寄来一张明信片。上面只写了一句话。

"还好吧？"

"有什么心事吗？"

还有一个趣闻，演员渥美清在国外旅行时，寄给母亲的明信片上只写了三个字"我很好"。

渥美和莱奥·哈特的例子，一个是"担心别人"，另一个是"被别人担心"，虽然他们的立场截然相反，但是都用明信片上的一句话打动对方，这一点是共通的。

他们也一定都是会为对方着想的人吧。

至少我从莱奥·哈特只言片语的明信片中，感受到了他对我们之间信赖关系的重视。

树木随着年轮的累积，树干一点点变粗，信赖关系也一样，在这样日常的反复积累中，一点点成长得越来越坚不可摧。

♛ 正因为相互信赖，才能问的问题

关于莱奥·哈特，我也从别人那里听到了一些不好的传闻。

他曾是美国橄榄球 NFL 亚特兰大猎鹰队的前四分卫。帅气的外貌、高大的身材，加上社会地位，所以对他会有出于嫉妒的诽谤。

如果我们之间的信赖关系很脆弱，我就会被这样的谣言所蛊惑，戴着有色眼镜去看他。

但是，我敢于向他确认传言的真实性。

"莱奥，稍等一下可以吗？"

我叫住路过的他，然后靠在走廊的墙壁上跟他说话。这样的话题，以正好想起了这件事的口吻，站着闲聊比较合适。

"其实我听到了一个关于你的传闻，有点担心，我就不说是谁说的了，怎么样，有这回事吗？"

"你在说什么呢？那是因为〇〇的误解传出来的闲话

吧？你会在意这些吗？"

"不会，只是有点担心。"

"你就相信我吧。"

"我当然不是在怀疑你，不过，还是当面问你问对了，心里畅快多了。"

"是吗，谢谢你来当面问我。"

向对方确认令人不快的传闻，是件非常敏感的事情。

但是，为了增加相互的信赖度，有时必须鼓足勇气，问难以启齿的问题，说难以启齿的话。

重要的是，你想和对方建立怎样的关系。果断地说出自己内心真实的想法，也能让对方更加信赖你。

> ★小贴士（point）
> 正因为是你想要建立信赖关系的对象，所以才要试着去确认对方的"本意"。

"○○先生，谢谢你帮了我。"

你在谱写"感动故事"吗？

丽思卡尔顿的服务源于跨越部门之间的壁垒，团队合作的相互支持机制。

接受了其他团队工作人员帮助后，我们会送给他们一张上面写着"○○先生，你帮了我大忙了，谢谢你的鼎力相助"诸如此类感谢话语的、饱含谢意的"一流卡①"。

在有些垂直型组织的大企业中，会看到有的部门忙得不可开交，有的部门却在悠闲地喝着咖啡。

"因为随便插手的话，怕会帮倒忙，让工作更加混乱"……

诸如此类，可以列出很多看似合理的理由。

但是，忙得不可开交的部门，可能正在想"哪怕有谁来帮我们复印一下材料也好啊"。

---

① First class card.

总经理去复印材料!?

在东京丽思卡尔顿准备开业的时候，我们邀请了一位重要的客人进行了一次馆内体验游。

本来需要给客人准备馆内体验游的说明书复印件，但是销售员们当时都在接待客人，忙得不可开交，根本抽不出时间去复印。

于是，当时的总经理里科·杜布兰克就亲自去复印了。据说，身高大约一米九的他，自告奋勇地说"这个我来做"，然后就一个人在背后的办公室拼命地复印。

在丽思卡尔顿，并没有"这个人是领导""这个人是新人"这样的职务和资历的壁垒。

作为专业人士，平时会认真做好自己的工作。但是，如果发生紧急状况，优先度高于自己的工作的话，就会理所当然地先去支援那边的工作，以缓解、解决紧急状况。

我想很多公司、部门都在为是垂直型组织结构，没有这种可以跨越部门团队合作、能够相互帮助的机制而烦恼。

在丽思卡尔顿工作的员工都是极其普通的人，绝对不是拥有特殊能力的超人集团。

互相帮助，也只是规定了"跨越壁垒，相互帮助，共同工作"而已。其实，跨越团队界限的支援是任何组织都可以做到的。

真心称赞合作伙伴吗？

说得极端一点，丽思卡尔顿可以说是一个希望"细致入微地"做"赏心悦目"的工作的集团。互相认可、互相帮助，是非常美好的工作方式。

例如，收到很多客人感谢信的服务人员，同事们都认为"能收到这么多感谢信，真了不起"，这种认可别人的姿态真帅气！

还有前面提到的"一流卡"，在员工食堂里也有张贴的地方，大家一边看，一边分享"那个人的工作真棒！"，这样的职场真令人羡慕。

此外，丽思卡尔顿还有一项制度，每月要评选出"五星员工"。

这不仅仅是由上司，也是由员工"那个人总是乐于助人"的声音决定的。

每次有五人会被提名，从中选出一人。当然，因为酒店是各种各样的人聚集在一起的工作场所，所以存在多多少少的不满和嫉妒也是在所难免的。

即便如此，在承认这种感情的同时，还能称赞"那个人果然很厉害"，这不正是令人羡慕的工作方式吗？

互相帮助，发自内心地赞扬同事出色的工作。

即使企业组织里没有这种机制，我认为也能改变自己对工作的态度。

如果一边工作，一边想着"只要那个上司在就不行""只要那个人在，就算认真也没用"……是一件非常遗憾的事情。

能够决定自己的生活方式和工作方式的轴心的，只有自己。

互相帮助，互相表扬，在赏心悦目的工作中培育"信赖感"，你也试试看吧。

> ★小贴士（point）
> 互相帮助，互相表扬，在赏心悦目的工作中培育"信赖感"，你也可以试试看。

第4章

初次见面时，如何赢得信赖

~首先要对别人感兴趣~

听到"请坐",再落座

微小的举动,能看出一个人的素质

一个人不经意的举止,与其日常生活息息相关,能展现出其平时的生活方式。

举个例子,你是销售部门的负责人,去拜访一家企业。接待室里,对方的部长正在等你,见到你后,就打招呼"○○先生辛苦了,快请进来"。

这时,你是进去后,说一声"不好意思",就直接坐下来,还是等对方说"快,请坐"后,方才会落座呢?两种不同的行为,留给对方的印象会大相径庭。

我在丽思卡尔顿工作的时候,见到过很多前来拜访的销售人员。有突然造访的,也有事先约好的,即便是初次见面的人,在我还没有说"请这边坐"时,就有年轻人说声"不好意思"就已经落座了,而且为数还真不少,着实令人诧异。

如果想要为对方工作，就必须有自己是在对方的地盘上工作的意识。

但是，如果看到毫不客气就大大咧咧地坐在你的地盘上的来客，人难免会犯嘀咕："这人能行吗？"

♛ 视线交汇，也能赢得信赖

除了姿势和举止，你的"眼神"也会在很大程度上影响别人对你的看法。

若想与对方建立信赖关系，"视线交汇"也很重要。但也不要一直盯着对方看，要时不时恰到好处地让自己的视线游离。如何稍微移开一会儿视线、又以怎样的频率眨眼睛等，都要用心留意。

简单的一瞥，既能让对方感到不安，也能给对方安心感。

♛ 调整视线和身体的轴心

有损害信赖的姿势，也有产生信赖的姿势。

例如，习武之人，与其说是视线交汇，不如说视线和身体的轴心都要正对对方。

有时，在听别人发言的时候，会看到有的发言者，眼睛紧紧盯着桌子上的发言稿，时不时抬起眼皮看一眼大家，语调也很平淡，这样根本不会给对方留下什么深刻的印象。应该像习武之人一样，视线跟身体的轴心都朝向大家，然后询问"到目前为止，大家还有什么问题吗"，这样就不会给对方留下不安感和疏离感，也就是违和感了。

这种违和感实际上是一个非常重要的因素。

一旦让对方产生了违和感，就会变成不安感，不安感又会招致"跟这个人一起工作不会有问题吧"的不信赖感。

"就因为这么一点小事？"或许有人会这么想。

但是，正是因为这些细小的事情，就会引发"这个人真的能理解我们公司想干什么吗？""他会全身心投入到我们公司的工作上吗?"的疑虑,所以一定要引起重视。

★小贴士(point)
细小的事情也会触发对方的"不信赖感"。

"前台的服务真棒!"

仅用 10 分钟等待的时间,捕捉对方重视的东西

赢得信赖的基础是,要时刻打开"对客户或者客户所在公司感兴趣"的开关。在这个基础上,经常打开感性的雷达和天线,慢慢就变得连非常细微的信息也能捕捉到了。

在初次拜访对方企业的时候,要事先了解清楚他们的创立时间、业务内容、往来银行等基本情况,这是基本的常识。

更重要的是,到了对方公司后,要利用五感来收集相关信息。在拜访的时候,要仔细观察对方公司的外观、前台、办公室等地方。这些视觉材料里含有客户和公司的丰富信息。

为此,"在约定时间的十几分钟之前到达对方的公司"也不失为一个好办法。

一个公司给人的第一印象取决于前台的接待人员,

所以很多公司都非常重视前台的教育和培训。从前台工作人员的接待，你就可以看出"这家公司有着怎样的企业姿态"。

前台接待员立即起身问候的企业，一定会让你感受到是个非常重视规矩和礼仪的企业；如果是只设有访客对讲机的公司，那么可能就是一家重视速度和效率的公司。

看到公司入口或者会客室内部的装饰、家具，你就能感知到"这家公司最注重的是什么"。

创业公司的接待室里可能会看到具有设计感、色彩鲜艳的沙发。仅凭这一点，就可以想象出，这是一家追求先进事物的公司。

把这十分钟仅仅当作是等待时间，还是用来作为观察、感知这家公司的时间，会有截然不同的收获。

在交换完名片，开始寒暄的时候，就可以灵活运用这段时间所感知到的信息。

"今天，非常感谢您能在百忙之中抽出宝贵时间接待我。"

"贵公司前台人员的待人接物,非常柔和,让人感觉非常舒服。"

"办公室走廊里有很多花草,令人心情愉悦,看来贵公司在环保方面一定下了不少功夫。"

诸如此类,把自己看到的、感知到的说出来,就能给对方传递一种"这个人对我们公司很感兴趣"的信息。

平时,要时刻打开感性的雷达和天线,不要忘了在与对方的交流过程中播下信赖的种子。

> ★小贴士(point)
> 如果把看到的、注意到的事情告诉对方,就能展示"自己在努力理解对方"的姿态。

"我是高野，我的工作是为客户服务。"

在有限的时间里，赢得对方的"信赖"

有人在初次见面的瞬间就能得到对方的信赖，有人则要假以时日才能赢得对方的信赖。

对于后者，也有人认为"正如鱿鱼干一样，越嚼越有味。"

的确，我也觉得这是一种美德。但是，人与人的见面的机会并没有那么多，即使现在能见面交谈，不知道下次什么时候还能再见面。

因此，在有限的时间里，把自己的想法、自己的情感传达给对方的人，才能赢得更多的信赖。

例如，在开始发言前的自我介绍中，有这样介绍的人，"我是高野，在〇〇株式会社从事销售工作"，也有这样介绍的人，"我的工作是为客户提供销售方面的服务，我是高野"。

虽然两种方式表达的是同样的意思，但是哪种传递的信息更有力度呢？

在如何表达上下了功夫的人和没下功夫的人，听众对其报告的期待感，从一开始就不一样。

这样，在如何表达上下功夫，也是赢得信赖的一种方法。有些人能让对方想再听一遍他的报告，有些人却让对方觉得"有什么事的时候再说吧"就草草结束了，所以他们以后所受到的礼遇也会截然不同。

♛ 用 45 秒的时间展示自己

作为专业人士，如果想赢得他人的信赖，就有必要经常演练如何才能更好地展示自己。

如果要求用 3 分钟的时间让你来展示自己，你会怎么展示？要求用 1 分钟来展现你的长处的话，你会怎么展现？要求用 45 秒的时间来介绍商品的要点，你会怎么介绍？

就这样，平时注意做这些演练的人，就会变得能用 45

秒的时间完美地给对方介绍自己。

如果有能用45秒的时间完美地介绍自己，那么就能给忙碌的对方留下一个"这家伙很能干"的印象，很有可能赢得对方的信赖。

在工作上，能赢得对方信赖的另一个重要因素是"速度"，这一点务必要牢记在心。

┃★小贴士（point）┃─────────
在短时间内如何展示自己方面下的功夫，会帮助你赢得工作中给别人的信赖感。

"如果有什么需要，敬请吩咐！"

会失去可能性的言语

因为工作的关系，初次见面时，谁都想为下次见面创造一个机会。

但有一句话，却会关闭"下次见面"的可能性。

"如果有什么需要，敬请吩咐！"

我想这句话，应该能在"用了也没什么效果的句子"排行榜上稳居第一。即便说了"如果有什么需要，敬请吩咐"这句话，实际上如果客人有什么需要，也不见得一定能想到你。

在酒店里，有时候跟客人交谈之后，会发现"客人现阶段不需要酒店介绍的服务"。

这时候，如果你不小心说上一句"那么，如果以后还有什么需要，敬请吩咐"，就等于把下次机会的主动权交到客人手里去了。

冷静地想一想，客人如果没有特殊情况，就不会再次麻烦只有一面之交的人。因此，基本上没有下次再麻烦你的可能性了。

为了能有下一次的机会，自己必须为下次的可能性采取行动，创造条件。

具体来讲：

"今天我聆听了您的介绍，对贵公司的需求有了进一步的了解。可以的话，能否再给我一次机会，让我再介绍一下我们的提案？"

如此这般的话，就创造了能够下次"介绍提案"的机会。

如果对方说"啊，可以啊"，那么赶紧说"非常感谢，我们会安排人一个月后把酒店新策划的宴会套餐小册子送到您手中。今天非常感谢您，百忙之中花时间听我们介绍"。

然后结束谈话。这样一来，客人脑子里就会有一个今天的谈话还留有后话的印象。

客户拜访结束以后，最好在当天的傍晚之前写一封感谢邮件，或者当天发送一张感谢的明信片。因为客户为了听你介绍产品或服务，花费了宝贵的时间。所以，作为礼节要表示感谢。但是如果错失了时机，那就失去了感谢的意义，为此，最好提前把做这件事的时间空出来。

♛ "讨好邮件"会适得其反

有些人喜欢时不时给客人发个邮件"讨好"对方，但如果对方很忙，收到这样亲展的信或邮件，就会苦于"没有时间回复"，效果适得其反。

与此相对，更重要的是，要按照约定，一个月之后准时把约定好的宣传册递到客人手中。

新的宣传册出来以后，就告诉对方已经可以送过去的意向，"我想去拜访一下您，顺便介绍一下新册子的内容，不知道是否方便？"如果对方说"我很忙，没时间"，就说"那么，我下周再跟您联系可以吗"，询问下次联系的时机。

当然，选择与对方联系的方式的时候，如果对方说电话，那就用电话；对方说用电子邮件，那就用电子邮件……一定要尊重对方的意愿。

就像给播下的种子时不时浇水一样，对"自己想要保持联系"的客人，也要为维护这段缘分而做恰到好处的努力。

> ★小贴士（point）
> 对自己想要保持联系的人，要按照对方的节奏，主动联系。

点赞是表示"我看过了"。

在邮件和社交网络上赢得信赖的必要条件

与见面的人,一定要确认用写信、邮件、电话、短信等方法中,对方用哪种方法比较方便,这一点尤其重要。使用对方方便接受、方便回复的方式跟对方联系,是基本礼仪。

邮件也好,信息也好,因为看不到对方的表情,听不到对方的声音,难以读懂对方内心微妙的变化。所以,使用这些工具的时候要格外用心。

比如,有时候我们会跟同一个人多次互发邮件。这时候,如果有必要引用过去的邮件内容,那么可以在对方的邮件中添加:

(对方的邮件)○○的那件事怎么样了?

高野:关于北陆支部的研修的洽谈,希望安排在某月某日那一天。

像这样,在对方的问题下面,直接把自己的答复写上去,并醒目地标出来,对方也容易理解。

最近用智能手机看邮件的人也在增加,所以,更要在发送方式上用心,让对方一眼能看到你的答复。

♛ 更好地"点赞"

使用推特、脸书等社交媒体交流的时候,一定要在考虑"读者的感受"的基础上,发布信息。

比如通过一个人在脸书上分享的帖子和转发的链接,可以在一定程度上判断出这个人的价值观和人品。

在给朋友圈转发的帖子"点赞"的时候,如果文章内容有失偏颇,"点赞"了的你,也会被认为是赞同这种观点的人。所以,对这种可能性也要有思想准备。

因为SNS[①]是交流的工具,所以清楚地把握好自己的姿态尤为重要。

[①] Social Networking Services,社交网络服务。

但是，因为看不见对方，所以有时候不能准确传达自己的心意。

比如说，脸书中有"点赞"功能，但有些情况就不能"点赞"。如果是"我母亲住院了""亲友不幸离世"等内容，对此"点赞"的话，就会让人觉得不舒服。这种时候，你可以补上一句，"点赞"是为了表达"我看过了"的意思，就能传达你真实的用心。

♛ 不是为了处理，而是为了"传达"

邮件等社交媒体用起来方便快捷。出于效率的考虑，往往重视了"信息处理能力"，却忽略了"传达心意"的作用。

快速回复，可能会成为赢得信赖的一个要素，但有时或许也会有疏忽。

所以，发送邮件之前，如果能够先确认以下三点内容，给人的感觉就会完全不一样。

1. 相关助词是否正确

2. 有无汉字变换错误

3. 如果是当面说,这种说法是否会失礼

有人会忙得连回复邮件的时间都没有,哪里还有时间好好确认邮件内容。但是,要知道也有可能因为一封粗糙的邮件而让你失去对方对你的信赖,这一点我自己是深有体会。

> ★小贴士(point)
> 正因为是便利的工具,所以更要考虑对方的感受。

"我真的非常喜欢这家公司！"

快乐工作的人，比什么都吸引人

如果大家都有过"想和你一起工作"的瞬间，那正是因为你"喜欢这份工作""喜欢现在的公司"的这份热情感染了对方。

▌拿下两单 9000 万日元房屋订单的前台女接待员

这是一位在某知名房地产公司工作的女职员的故事。

她虽然在售楼展示厅的前台工作，但是有一年的年末，她却签下了两单 9000 万日元以上的房屋订单。

一般到了年末，因为支出比较多，所以在业界被公认是生意最差的时期。而且，这位女职员还不是销售员，只是个前台的接待员。不管怎么说，从前台接待员那里买房子这件事本身，就有些不可思议。

有一天，一位客人拿着某位销售人员的名片来到前台。

"营业部的○○先生在吗？"

"对不起，他现在不在座位上，大概15分钟能回来，您能告诉我找他有什么事吗？"

"哦，我想找他咨询一下买房子的事情……"

"是吗？那您需要什么资料就请先跟我说，或许我可以帮您准备一下。"

"那么，在○○先生回来之前，可以先让我看看○○的资料吗？"

当客人问道"有没有关于○○的资料"的时候，她马上行动，满面悦色地说："我马上给您拿过来。"看到她心情这么好，客人问她："我看你总是笑呵呵的，有什么高兴的事情吗？"她这样回答道：

"我非常喜欢这家公司，在这里买了房子的人都非常满意。虽然我们也致力于建造品质优良的房子，但是时间长了还是会出一些小毛病，每当这时，负责的同事都会快速响应，前去处理，所以客人们都可满意了。"

之后，那位客人又去别的房地产公司看房了。

过了几天，那位客人回来了。他说：

"我还是决定在这里买房子，作为条件，我想从前台的这位女士手里买。"

负责销售的人大吃一惊，究其缘由，"她说的'我喜欢这家公司'这句话促使我下了决心"。客人如实相告。

但是，更让人惊讶的是，同一个月里又发生了一件同样的事情。两位客人都以邀请她参加动工前的"上梁仪式"为条件买了房子。

第二年的一月，她获得了社长奖，但她始终谦虚地说"我什么也没干，实在是受之有愧"，给我留下了深刻的印象。

她的故事在销售员中传为佳话，直到现在，销售人员们还会在客人面前略带自豪地讲述她的故事。

听了这个故事的客人，和销售员之间的交谈话题就更加广泛了。

"在这里工作的员工，大家都很喜欢自己的工作吧？"

"确实如此,我自己也很庆幸能在这里工作。"

通过一连串的交谈,客人对这家公司的产品开始有了安心感,良性循环由此而生。

♛ 客人想从喜欢自己公司、产品、工作的员工手里购买

要问"客人想从谁那里购买",答案是"喜欢自己的公司喜欢得不得了的人那里"。这一点,是这位前台女接待员,让其他销售人员意识到的。

这个世界上,有不少人的工作态度让人觉得"是为了赚取生活费不得已而为之"。这种心情,即使不说出来,也会在潜移默化中流露出来。谁都不愿意从这样的人手里买东西,也不会想和这样的人一起工作。

不管是对工作还是公司、对自己参与的商品都要抱有自信和自豪感,还要有工作的喜悦感,和"正因为是这家公司的产品,所以想卖出去"这样的情感。

这些都是构筑与客人之间信赖所需的最根本的东西。

> **★小贴士（point）**
> 大家都想跟喜欢自己的公司、喜欢自己公司的商品、喜欢自己工作的人交往。

第5章

作为管理者
如何赢得"信赖"

~用人不疑，定有奇迹出现~

"太原先生！"

优秀的领导尊重团队成员

以前，我曾应邀与 NETS TOYOTA 南国的现任顾问横田秀毅先生在同一场演讲会上作演讲。

演讲结束，进入自由提问环节时，会场上有人提问："横田先生，您所尊敬的老师是谁？"

话音未落，横田先生毫不犹豫地回答：

"太原先生！"

再一问太原先生是谁？

他笑着说："他是我的部下，今天也在场！"

包括我在内，会场里的所有人都大吃一惊，觉得不可思议。

按照常理，大家都觉得像横田先生这样的人物，他所尊敬的老师应该是经济界举足轻重的人物，或者是历史名人。主持人或许是察觉到了大家的疑惑，就接着问：

"为什么是太原先生呢？"

"我跟太原说话的时候，总能受到很多启发，他非常有感性，我根本就不能比，我从他那里学了不少东西。"

横田先生接着说："我还经常挨他的批评。"

"挨批评"或许是横田先生一流的表现。作为部下能指出作为上司的横田先生的错误，提意见、提建议，这种上下能充分交换意见的氛围，以及横田先生能接受部下意见的博大胸襟，都能从"经常挨批评"这句话中反映出来。

听了这句话，我眼前仿佛浮现出横田先生所在公司里员工们一个个充满活力，干劲十足的身影，不禁感叹道："了不起的公司！"顿时明白了，这正是作为企业领导者应该具有的姿态！

▎比数百万日元的花费更令人高兴的事情

HONDA CARS（本田车行）中央神奈川的相泽贤二会长也分享过同样的故事。

有一次，HONDA CARS（本田车行）中央神奈川，根据会长个人的判断，花费数百万日元，把门店的手动门改成了自动门。理由是手动门的话，只要有客人来，店员就得去开门，效率太低。

但是有一家门店的自动门改造迟迟没有开工，那里的员工反映说，"希望不要安装自动门。"

他们说，到目前为止，每当客人来店里，他们都会起身微笑着去给客人开门，接着就能打招呼："您好""感谢光临"……之后，就询问客人想买什么样的车，自然而然地谈到销售话题。如果装了自动门，就会失去与客人直接接触的机会。

最终，相泽会长还是听取了店员们的意见，把所有已经改造好的自动门又换回了手动门。

一般的公司，作为员工肯定说不出口，希望公司把已经花钱改造的自动门拆除，再换回手动门。之所以能说得出口，就是坚信自己工作的最终目的是满足顾客，让顾客愉快购车。而且，即便是会长的决定，如果错了，也能直言不讳地指出来，我想这是因为有畅通的沟通渠道，有能对上级说"那是不对的"这样良好的氛围吧。

相泽会长挠着头说，"把门拆了换回去，又花了几百万日元"。但看起来，他心里好像很开心。

之所以感到高兴，或许是感受到了员工把客人的感受放到了最重要的位置，还有与下属之间的信赖程度也提高了的缘故吧。

★小贴士（point）
尊重对方，无论是下属还是上司，信赖就会加深。

"做你认为对的事情！"

来自这句话的感悟

不要在自己的心中筑起一堵墙，要充分信赖自己的员工。这是丽思卡尔顿酒店的创始人霍斯特·舒尔茨的做事风格。

能诠释这句话的故事之一，就是"2000美元的使用权"。

在丽思卡尔顿酒店，所有一线员工都被授权可以根据自己的判断，自由使用2000美元。

2000美元绝不是一笔小数目。

每次说起这件事，很多公司的与会者就会说："这一年得花掉多少钱？在我们公司想都别想。"

如果导入这样的做法，一年不知会被员工花掉多少钱，大家可能都会这么想吧，但实际上，"日本的两家丽思卡尔顿的所有员工加起来，一年花掉的也就只有几十万日元而已",大家听了又会大吃一惊。

也就是说,实际上,即便导入了这样的规则,员工们也不会滥用职权,任意挥霍。

♛ 授权 2000 美元的真正含义

这里意义重大的不是会不会花这 2000 美元,而是公司对员工的信赖程度。

自由使用 2000 美元,员工如果认识到被公司如此信赖,他们就会珍惜这份信赖,更加努力工作,来回报这份信赖。而且,想到被公司如此信赖,花钱时反而会更加谨慎。

霍斯特·舒尔茨先生下决心要完全信赖自己的员工,并通过"授权自由使用"的形式将其付诸行动。这一举动,赢得了全体员工对他的信赖,我们都很信任舒尔茨先生。

"老板相信我们,所以我们也要相信老板所做的事情和所提倡的价值观。"

这样，信赖关系的桥梁就构筑起来了。

♛ 用人不疑的一句话，给人以勇气

我想起大阪丽思卡尔顿酒店开业时的一段往事。

开业的时候，因为是从零开始建造新的酒店，所以每天都会发生各种混乱的事情和冲突。

当时，一部分人想保留丽思卡尔顿的特色，另一部分人想植入大阪风格，所以有很多不同的意见。

我作为刚从海外的丽思卡尔顿被派回来不久的日本人，员工们都不知道这个从海外回来的日本人的能力如何。听说，当时总公司就收到了很多类似"让高野来负责，真的没问题吗？"之类的信件和传真。

霍斯特·舒尔茨先生把复印件用传真发到了我家里，然后问我："大阪怎么回事？"

那些全都是霍斯特·舒尔茨先生亲自接收的信件和传真，本来只有他本人才能看得到。

我坦率地跟他讲了自己的想法，那就是新酒店一定要坚守丽思卡尔顿的核心理念。

之后，我又从舒尔茨先生那里收到一份传真，上面只有粗粗的一行字。

"Do as you believe. Horst（做你认为对的事情。霍斯特）"

直到现在，我还清楚地记得当时看到那一行字时的感动。我从那一行字里感受到了舒尔茨先生想对我说的话，"放手去干吧，我信赖你！"

这正是舒尔茨先生表达他信赖我的方式。

那也是让我下定决心要像舒尔茨先生一样，发自内心地信赖我的员工，继续努力工作下去的时刻！

> ★小贴士（point）
> 要想获得他人的信赖，首先要用人不疑！

"越来越棒了!"

拨动他人心弦的秘诀

作为管理者来说,"觉察力"可以说是非常重要的素质。所谓"觉察力",指的是能发现日常平凡生活中的不平凡之处。

优秀的管理者,总能把觉察到的东西完美地用言语表达出来。

"刚才的处理方式真不错!"

"有没有发现你现在工作比之前快了很多?"

听了这样的话语,部下就知道领导在关注自己,就会对领导产生信赖感。

这样一来,工作也会变得更加愉快。

■ 表扬对方的"积极变化"

如果管理者拥有觉察力,那么他对部下说的话就会不一样。

如果发现负责准备会议资料和会议室设备的部下的工作比以前有进步,就不会只说一句"辛苦了"敷衍了事,而是会说:

"最近会议前的准备工作更有条理了。"

"我发现你干工作越来越细致了。"

"让你做准备,很令人放心,我发现你考虑得很周到全面。"

"你不知不觉都能够独当一面了。"

……

像这样,"我在关注着你的变化"之类的话。

部下也会因为管理者能注意到自己的进步而感到高兴。

想到自己的进步能被他人注意到,员工的士气也会变得高昂起来。不管是谁,对认可自己、欣赏自己的人,都会产生信赖、尊敬、好感。

作为管理者，让人产生信赖感不能仅依靠嘴上的功夫，还要让部下知道"我一直在关注你"，只有部下感受到你的这份关注，才会对你产生信赖感。

即便是简单的一句"桌子收拾得比以前干净了很多""失误越来越少了""越来越棒了"也行，如果看见了，就马上说出来，用语言表达出来至关重要。

♛ 觉察力能给部下带来安心感

觉察力有助于及时支援部下。

发现部下"最近工作有点拖拉""最近工作质量不太高"的时候，再看看部下的桌子，就会发现文件堆成山，东西乱放在一起。大多数时候，看一个人的桌子，就能知道他的工作状态，两者之间有微妙的关系。

但是，发现部下的失误有点多的时候，如果直截了当地说，"最近的工作越来越粗糙了"，只会让部下更加沮丧，甚至会招致部下的抵触情绪。这样不但无法维持信赖感，也无助于解决问题。

采取迂回的方式："有什么苦恼的事情吗？需要帮助吗？""最近你犯了很多不该是你犯的错误，是不是遇到什么烦心事了？"……这样询问的话，部下多半会如实相告。

如果对方回答"实际上我母亲生病了""我妻子身体不太好，孩子们的盒饭都是我在准备"……那么就可以跟他说："这两周先把你的工作量减一下如何？"

一般这种情况下，部下肯定难以启齿，"妻子住院了，我得照顾孩子们，能否削减一下我的工作量"。

尤其是在工作繁忙的时候，更难主动张口。一般都有所顾虑，不会因为家里的事情去麻烦上司。

这时候，如果领导能主动觉察到部下的困境，关心部下、施以援手，作为部下会怎么想？能在这样的领导手下工作会有一种安心感。

也许有人会想，削减一个人的工作量，其他人会不会说三道四。

但是，不管是谁，都会遇到或是自己生病，或是家里人住院等事情。所以，当领导提及"现在，他夫人身体不太好，接下来的两周里需要调整一下他的工作量，请大家一起给予分担"的时候，其他人也会想"自己以后或许也会有需要同伴们帮助的时候，就帮一把吧"，于是都会欣然接受。

而且，已经说明了是"两周"时间，因为有这个等待期限，大家也会容易接受。

> ★小贴士（point）
> 当部下意识到管理者在时刻关注着自己的时候，信赖感会油然而生。

"今天也加油啊！"

批评后的安抚方法，关系到部下的成长

"发火"与"训斥"两者是有区别的。"发火"只是把自己诸如"干什么呢？别开玩笑了！"的不满情绪发泄出去，其实并不会带来什么好处。

如果要问管理者最重要的工作是什么？那就应该是关心每个部下的成长。首先要有想让部下不断成长的想法，管理者才会对部下的成长负起责任。正因为如此，不应该"发火"，而是要"训斥"。

但是，这里需要注意的是，如果是一味地训斥，只会让部下留下伤痛，所以需要有恰到好处的安抚和跟进。

在丽思卡尔顿工作期间，我的恩师之一，原松下政经塾的校长，上甲晃先生给我讲过一个关于松下幸之助先生训斥部下、与部下恰到好处地保持距离的故事。

部下工作疏忽或犯了错误的时候，松下先生不管多晚都会把他叫到办公室严厉批评：

"你看看你现在工作的样子，只用了你能力的20%。你到底在想什么?! 你该干的事情，五倍于此也不止啊！只用20%的能力干活，你不觉得羞耻吗?!"

♛ 松下幸之助先生的安抚方法

有位课长级别的人被松下先生训斥后，心情低落地回到家，发现妻子做了一大桌好吃的在等着他。他感到很惊讶，"咦？今天是什么纪念日吗？"妻子说，"刚才松下社长来电话了"，然后把前因后果讲了一遍。

原来，看到课长下班离开公司后，松下社长就给课长夫人打了一个电话，"今天心一横，狠狠地训了你丈夫一顿，因为想让他以后能够负责更加重要的工作，他回家时肯定心情不太好，你给他做点好吃的吧"。

此时此景，会作何感想？那一瞬间，是不是因挨批而引发的所有怒火、所有不满都统统地烟消云散了，看到的风景是不是也不一样了？

当员工意识到"原来如此，批评我是为了我的成长啊"，那么从次日起，他的工作方式也会有所改变。

当我从上甲先生那里听到这段逸事的时候，我深感批评之难，心想如果能成为一个像松下先生一样拥有批评艺术的人，那么毫无疑问能赢得部下们的信赖。

批评之后跟进与否，是将训话的内容引导至正确方向上，还是让消沉的情绪滞留在那里发酵的一个岔路口。通过这段逸话，我们可以知道，训话后的跟进有助于培育领导和部下之间的信赖感。

如果今天狠狠地训斥了某人，那么明天早上一定要比他早一点到公司，在他办公桌上留一张纸条，"昨天那么说你，是希望你能更好地成长，今天也加油！"或者也可以在半夜本人不看手机的时间里给对方留言。第二天早上一起床，就看到这则消息，部下也会有所触动吧。

> ★小贴士（point）
> 批评以后，一定要跟进、安抚部下的情绪。

"路过星巴克时顺便买的!"

忙碌时效果颇佳的咖啡休憩

人有时候一忙起来,就会疏忽对部下的关心。

但是,越是忙的时候,越要给部下打气加油,激发部下的干劲,这样才能体现管理者的价值所在。

这是发生在大阪丽思卡尔顿酒店开业前夕的一件事。

漫长的开业倒计时中,大家每天都在紧张又忙碌地做各项准备工作。

有一天,我给深夜加班的部下们买了一些"功能饮料",给他们打气,"剩下没几天了,咱们加油啊!"

就这样,"跟大家一起喝着功能饮料努力加班"的样子,让人有了一种莫名的连带感。随着倒计时一天天地缩短,大家的士气也日益高涨,团结一致,顺利迎来了开业的那一天。

♛ 一杯咖啡、一杯茶,能使管理者升格

作为管理者,越是在忙的时候,越要发挥自己的作用。

部下们紧张工作的时候,我就会去附近的咖啡店买一些咖啡回来,给大家鼓鼓劲。

"对不起,要打断大家工作了,大家都很忙吧,先喝杯咖啡喘口气,休息一下。我在开会回来的路上,刚好路过星巴克,给大家买了点咖啡。"

喝一杯咖啡,花不了多长时间,顶多两三分钟,大家完全可以放下手头的工作喘口气。时间虽然不长,但大家一起喝咖啡,也能产生"团结一致,携手前进"的集体感。

这里最重要的一点是"老板为部下去买咖啡"这件事。

如果只说一句"喝杯咖啡休息一下吧",那么活儿就落在年轻人和临时工身上了,他们得不到休息。

所以,老板自己买来咖啡,亲自招呼大家。这样,临时工和正式员工都可以一起休息。

顺便说一句,买咖啡的钱当然是老板自掏腰包,一杯

咖啡就能变成团队的润滑剂，还是很划算的。

有时候，管理者还可以试着亲自给部下沏茶，也能鼓舞士气。

大家都累了的时候，说"大家辛苦了，虽然比不上平时山田沏的茶好喝，来一杯怎么样"，然后端茶过去。

一开始，大家或许会很惊讶，"哎，怎么能让老板沏茶，这不太好吧?!"但是，从此，部下们看老板的眼神会变得明显不一样。这是丽思卡尔顿的副社长易北先生教给我的一招。

管理者自身的变化，会改变团队和组织的氛围。

深信不疑的信赖，会成为打开每一位部下心灵开关的力量。

信赖关系的培育，需要这样长年累月的积累。

> ★小贴士（point）
> 越是忙的时候，管理者越要给部下提供喘口气的时间！

"我觉得你应该有更广阔的舞台！"

管理者的作用是创造"能够成长的环境"

作为管理者，只有支持部下的成长，才能赢得信赖。

但是，我认为管理者自身无法让人成长起来。

而且，如果管理者有"自己培养了人"的意识，那么，部下成长起来的时候，管理者就会居功自傲，不由自主地吹嘘是自己的功劳。最终，反而引起部下的反感，失去好不容易赢得的信赖。

对那些"有上进心"的人，要经常给他们加油鼓劲，进一步点燃其成长的欲望，为他们创造充分成长的环境。同时，对缺乏上进心的人，要找出其成长的可能性，点燃他们的上进心，营造环境，让他们自己产生想进步的动机。像这样关心员工的成长，可以说是管理者最重要的职责。

为了给部下创造成长的空间，管理者要发挥自己的观察能力和提案能力。

比如销售部小 A，销售业绩不太理想，但似乎并不打算离开销售岗位。但是，据观察小 A 有出色的沟通能力，公关部门更适合他。

这种情况下，考验管理者能力的时候到了。

♛ 告知"可能性"，打开挑战开关

"我观察了你一段时间，我觉得比起销售，你应该更擅长公关的工作吧。"也可以这样直截了当地告诉部下。

但是，如果这样说，似乎是在告诉对方"你不擅长搞销售"一样，会给对方心里留下阴影。小 A 不但会失去自信，也许还会引起她反感。

我在美国丽思卡尔顿工作的时候，对洛杉矶事务所的一位员工说，"我们公关部门有个空缺，不知你愿不愿意挑战一下？会拓宽你的可能性，你去的话，一定能胜任！"

听到"能拓宽你的可能性"，谁都会心头一热，忍不住"想去挑战一下"。

到了新的部门，她从零开始学习公关工作，慢慢有了想要让更多的人了解丽思卡尔顿的具有闪光点的念头，也尝到了传播的乐趣。

在公关部，她干得越来越得心应手，还认识了不少媒体界的朋友们，随着在各个媒体中曝光的机会增多，她也变得越来越自信了，仿佛打开了挑战自己的开关。

后来，晋升为公关总监。

不管是谁，都以为自己最了解自己。

其实不然，令人意外的是，实际上自己反而是最不了解自己的那个人。理由很简单，每个人都只能从自己生长的环境、学习的环境、所掌握的知识、技能及经验去理解事物。万一，遇到意想不到的，价值观迥异的工作，就会习惯性地以为"自己做不到"。

但是，新的工作是否适合自己，旁观者清，在别人提醒后才意识到可能性的人也不在少数。

所以，对管理者来讲，时常发现并挖掘部下本人尚未意识到的可能性，并为他提供成长的空间，显得尤为重要。

不定期地对部下说,"愿不愿意挑战一下别的可能性",就能打消部下对未知世界的恐惧心理,慢慢点燃其挑战的欲望。最终,一定会出现鹰飞鱼跃,超出预期,表现活跃的人才。

> ★小贴士（point）
> 用"展现可能性"的一句话,拓宽部下的可能性。

"我的日本儿子或许要去你那里，届时请多关照！"

看到无形的信赖的时候……

想起 1990 年旧金山的丽思卡尔顿酒店开业时的一段往事。

当时我在旧金山的费尔蒙特（Fairmont）酒店工作，合同快到期了，是继续留在这里，还是寻找一个新天地去奋斗，我得做一个决断。

正在那时候，传来了就在费尔蒙特酒店附近，旧金山丽思卡尔顿酒店即将开业的消息。

于是，我开始有点心动。

因为，1988 年在柏林的一次会议上，我遇到了当时丽思卡尔顿的社长霍斯·特舒尔茨先生。

那时，舒尔茨先生紧紧地握住我的手，热情地向我介绍了丽思卡尔顿的经营理念和将来的计划。他充满激情的言语，让我颇受感染。那时候，我隐约有一种预感，有朝一日自己会和这个人一起工作。

那时的记忆，更是激发了我"想去丽思卡尔顿试一试"的念头。

就在这个过程中，费尔蒙特的合同期限也一天天临近了，费尔蒙特酒店的斯威格社长过来问我："怎么样，能续约吗？"

费尔蒙特酒店是一家非常不错的酒店，跟这里的同事们都相处得不错，"留在这里继续工作也是个不错的选择"，自己心里也在这么想。

但是，我当时没马上回答"能"，因为丽思卡尔顿已经在我脑海里挥之不去了。

可能是看到了我的迷茫，斯威格社长指着外面的建筑工地对我说："是不是想去那里了？"

我于是就把我内心的想法全盘托出。

一方面我想去丽思卡尔顿挑战一下新天地，另一方面对费尔蒙特酒店情有独钟，有着难以割舍的感情……

他听完我的话，似乎能理解我的想法。

"那你就先给丽思卡尔顿投份简历试试看吧。"

他也没强留我，而是从后面推着我去迎接新的挑战。

♛ 斯威格社长的一封信

之后，我如愿以偿地被丽思卡尔顿酒店录用。

开始工作没多久，我在当时的亚特兰大本部遇到了舒尔茨先生，他给我看了一封信。是用打字机写的一封商业信函，文章的最后，还附上了一行手写的文字：

"我的日本儿子或许要去你那里，届时请多关照。"

信的落款是费尔蒙特酒店的社长斯威格先生，是写给舒尔茨先生的。写信的日期是在我被丽思卡尔顿录用之前。

也就是说，在跟我谈完话以后，斯威格社长就马上写了这封信，寄给了舒尔茨先生。

看着熟悉的笔迹，我心头一热。我全身心感受到了斯威格先生对我深深的信赖。

如果舒尔茨先生没有给我看这封信，我恐怕永远也不会知道这件事。当然，我也知道，他也绝不是想着我以后会看到而写的这封信。

那一刻，我学到了另一种形式的信赖！

我不禁低头沉思，我能走到今天，不知有多少人默默帮助过我。

我虽然已经不在费尔蒙特酒店工作了，但是对斯威格社长的信赖感反而变得更加深厚了。

★小贴士（point）
值得信赖的管理者总是把部下的成长放在第一位。

第6章

信赖瓦解的那一刻

~为何会在不知不觉中丧失可能性?~

"所谓的……"

要注意会导致丧失信赖的言语!

在商务场合中,经常有"不该说的一句话"。

那就是"就是所谓的○○,是吧?"这句话。

这句话通常是为了将对方说过的话转换、组织成自己的话而使用的。虽说目的是确认对方的真实意思,但是,总会给人一种居高临下的态度,可以说是多余的一句话。遇上对方性急的,甚至会勃然大怒反驳道:"所以,这跟我刚才说的不是一回事吗?"

如果真的想确认对方所说内容的真实含义,完全可以坦率地把自己想确认的意图告诉对方,然后直接问对方就可以了。

"你刚才说的话,我是这样理解的,对吗?"

"我听明白了,您是这个意思,没错吧?"

除此之外,像下面这么说话也会让人感觉不舒服:

"您以前也说过这件事吧!"

"我以前也请教过您这件事吧?"

如果这样说话,尤其是年长的人听了会觉得有点被愚弄的感觉。

这样容易点燃对方的怒火:

"我以前或许是说过同样的话,但是我忘了,我多说一遍难道不行吗?"

▰ 产生距离感的一句话

公司开会或者在跟客人商谈的时候,有很多话语一不小心就会让你"失去信赖"。

比如说,像"毕竟"这样的言语。

在应该做建设性讨论的时候,不小心张口就会说"毕竟,像我们这种公司""毕竟,像我们这级别的公司""毕竟,像我这个水平"……的人还出乎意料地多。

或许是为了抬高对方,在刻意压低自己或自己所在的公司吧，但这种语气实际上会起反作用。会让对方不禁起疑心：**"这家伙说话没有一点自信，把这么重要的工作交给他，行吗？"** 由此，信赖感便开始动摇。

然后就是，像"话虽这么说"这样的反驳。

这句话一般在当听完别人的话，开始表述自己意见的时候用得比较多。有的人会不经意地把它当作自己说话的口头禅，也有一些人在开始表述反对意见时，用这句话作开头。

但是可以说，这种说话习惯是非常危险的。为什么呢？"话虽这么说"有一种可以把他人所说的话全部否定掉的力量。也就是说，也许一瞬间就可以把对方之前所说的内容全盘否定掉。

当然，对方听了心里肯定也会不舒服。

在表述反对意见时，完全可以选择一些更加合适的措辞。

"您说的话，我完全能够理解，的确，也有那样的看法。"先把对方的话接住，然后说："如果可以的话，我也想谈谈我的看法,您看行吗?"在征询对方的许可后,再阐述自己的意见,这样比较稳妥。

♛ 一句"好是好,但是呢……"就会丧失很多的可能性

还有最常用的一句话就是,"但是呢……"

这是我们在日常会话中常听到的一句话,但是,它跟"话虽这么说"一样,也是能扼杀对方想法的一句话。所以在一些商务会谈中,要谨慎使用。

以前,在一家大型旅行社里有一位非常优秀的企划部长。她是他们公司第一位担任企划部长的女性,具有非常出色的企划能力。但是在局外人看来,她跟部下们的关系似乎并不融洽。

并不是说她不注重跟部下们的沟通和交流,相反,能看到她经常在努力倾听部下们的意见。经常跟新入职的部下征求意见,"小〇,你有什么想法?"

但是,这样的谈话,一定会用同样一句话来收尾。

部长:"小○,你有什么想法?"

小○:"我觉得现在的游客在旅行中,追求这样的感性,所以我想推一下这份企划书中的活动。"

部长:"有道理,看来是动了一番脑筋(然后翻着企划书看……),但是呢,这些是不是跟你以前策划的活动有些类似啊,我记得之前的活动似乎亏损很多……"

小○:"哦,是吗,……那么,我还是再重新考虑一下吧。"

看起来,好像是听取了部下的意见,但实际上,一句"但是呢"就把部下的意见给否定了。虽然嗓门也不大,而是用一句和气的"但是呢"就把部下的嘴给堵住了。

刚开始的时候,看着部长说话也很和气,想着"的确如此,也会有那样的看法"部下心里也能接受,但是过了一年、两年,每次的提案都被"但是呢"给否定了的话,将会如何呢?"无论拿什么去找那个部长,反正都没用",于是,渐渐地大家没有了热情,失去了活力。

就像这样,员工兴冲冲地企划的方案不被采纳,就难以培育部下的想象力。造成的恶果就是可能会变成一个没有人发表意见的职场。

这对作为管理者的她来说是非常可惜的事情。

她可能还没意识到，她随随便便的一句口头禅"但是呢"不仅扼杀了很多人的机会，还让自己受了这么大的损失。

所以，一定要谨慎使用口头禅。时刻思考那句口头禅会带来什么样的影响也很重要。

★小贴士（point）
不经意的口头禅，会破坏好不容易建立起来的人际关系。你没中招吧？

去卫生间时，勿带手机

~避免让对方多想，也是一流的礼仪~

跟人相处时，最需要注意的一点是"不要给对方带来多余的压力"。

比如说正在接待访客的时候，自己的手机响了。然后，说一句"对不起，我失陪一下……"就离开了座位。

那一瞬间，与客户的谈话戛然而止。对方虽然嘴上不说，但心里肯定在想，"唉，跟我约好的时间，在他眼里也就这么点分量"，会给对方无形中传递这样的消极信息。

我特意抽时间来见这个人，他却优先处理中途打来的电话……生意场上，像这样一瞬间就会失去信赖的例子数不胜数。

还有一个需要注意的是"看表"的动作。

当然，休息时间快结束，或者要确认工作进展时需要确认时间，所以看表这个动作本身并没有什么问题。

这里需要注意的是，像上司交代工作的时候，你不经意地看一下表就是一种"不太好的习惯"。

或许只是一个通过看时间来掌握自己的工作进度，没有其他含义的行为动作。

但是在别人跟你说话的时候看手表，对眼前的这个人来讲，他就会有些心理负担。无形中就会给对方传递一种"我很忙""企图快点结束谈话"的信息。

无意识地看手表的人为数还真不少。但是，这个不经意的举动，招致的负面影响可能会超出自己的想象，一定要记住这一点。

♛ 看你拿着手机出去，对方会有什么感受

大家容易忽视的，是跟客人吃饭时手机的使用礼仪。

关闭手机电源或者调到静音等都是众所周知的礼仪。但是，我在中途去卫生间时，会尽量做到不带手机。

如果客人看到你拿着手机去卫生间，或许不禁会猜想，

"也许他在等一个更加重要的电话吧"。所以，如果有要紧事，就有必要在落座之前坦率地告诉对方你在等电话。

重要的是，要时常意识到自己想如何处理好与周围人的关系。如果能有这种意识，就很容易想象得出"自己的衣着打扮，行为举止会给对方留下一个什么样的印象，传递了什么样的信息""我怎么做，才不会让对方产生多余的顾虑"。

★小贴士（point）

别人看到你的行为举止会怎么想？如果能认识到这一点，就会对自己的举手投足有所要求。

"实际上我乘坐的电车也受影响了"

如何表达道歉理由，才能赢得信赖

迟到的时候，有人一进来就会先说明原因。

"出租车遭遇车祸了""电车迟到了"像这样边解释迟到理由边走进来的人，他的工作风格也可从中窥见一斑。

虽然能理解你想解释迟到理由的心情，但是，就对方来说，可能更想要听的是你对迟到一事的道歉吧。所以，与其解释理由，还不如说一声"让您久等了，对不起，我来迟了"，真诚地表示歉意为妥。

谈话开始后，如果对方主动提及"今天东京都内发生了电车事故，太吓人了"的时候，才可以自然地补上一句，"是啊，我今天乘坐的电车也受影响了"，对方也就明白你为什么迟到了。

但是，如果没有这样的解释机会，那就没必要说理由。

自己想说的话不要马上说出来，自己不主动说理由。

坐等解释的机会，也能从更深层次赢得对方信赖。

说到道歉的时机，有时候拿到工作，干到一半，会发现超出自己的能力范围，干不下去了。

这时候，如果能早一点告诉对方"我有点费劲"就好。

但是，如果硬撑到最后期限，然后说干不了，那么就回天无术，已经无法挽回了。所以，尽量早一点坦率地告诉对方："对不起，我能力不足，可否换别人来干？"然后再诚恳道歉："对不起，这次我受益匪浅，学了不少东西，下次我一定充实好自己，敬请原谅。"

如果这样做的话，反而能赢得对方的信赖。

> ★小贴士（point）
> 不主动解释失败的原因，迅速传达失败的事实。

"日程能否提前?"

不得不拒绝的时候,要展现诚意

一想到如果拒绝别人求你办事,就可能失去别人的信赖,心中不免为难。但是,也有不得不拒绝的时候。

比如会有这种情况,和客户约好了见面的日期,但因为种种特殊原因,无法赴约。

这种情况下,只能不得已联系客户,取消预约。但是,如果有可能,不要延后,而是要做能否提前的努力,这一点很重要。至少可以展现你想提前见面的姿态,让客户知道你的心愿。

"咱们约好了9月30日见面,可是因为万不得已的情况,恕我不能前去拜访。如果您那里方便,我想9月23日,或者24日去拜访您,假如能予以调整的话,将万分感谢。"

然后,如果对方无法提前,那就约到10月份也可以。最主要的是,首先要主动提出想尽早见面的意愿,展现姿态。这样的话,"在自己心目中把和对方的时间放到了何等重要的位置"的信息就会传递到对方那里。

"因为万不得已的状况发生,不能跟客户在约好的那一天见面。但是,因为对自己来说,是非常重要的客人,所以想尽早拜访。"

"给对方留下一个好印象是一方面,作为一位称职的职场人能否提出这样的方案,也会成为守护彼此间信赖的重要因素。"

★小贴士(point)
将心比心,为了不辜负对方的期待而做出的努力,会赢得新的信赖感!

"是吗？给你留下这样的印象了吗？"

轻描淡写地回避消极谈话

自己平时要注意不说负面话题，是理所应当的事情。但他人谈起消极的话题时，也不随意介入，这是作为专业人士能够获得信赖的行为。

"丽思卡尔顿真的是一家不错的酒店，但某某酒店太让人失望了。"比方说，听到客人说这样的话，客人在抱怨其他酒店的不好，听了或许会心中窃喜，自豪感油然而生。

但是，用一句"是吗？还有这样的事情！"一带而过就可以了，不要过多谈及。然后问客人："我们酒店有没有什么令您不太满意的地方呢？"转换话题。

有一些人借机跟着说"关于那家酒店，我们也听到了不少故事"，这样的话，就会很令人失望。

在公司，可以交换一下工作上的信息，但是千万不要加入客人的闲谈，那不是职业人士应有的素养。

♛ 没必要"接受","接住"即可

这种时候没有必要"接受",轻轻"接住"就可以了。为了接受"我听到那个人不好的闲话",内心就会不由自主地犯嘀咕来判断其价值观,结果可能会不经意地吐露出一句"那个人的确有些问题。"

另一方面,如果只是"接住",就不会咀嚼那些诽谤和中伤,一听而过。"承蒙您的关照,我们这里有各种各样的客人入住。"保持一定的距离,不深入讨论是一种比较明智的应对方式。

作为职业人士可不能一成不变。工作的时候,需要面对各种各样的客人聊起的各种各样的话题。

"某某酒店的员工真的是很差劲!真想给他们看看你们酒店的服务。"

"说得没错,我也听到不少。"

如果这样跟了一句,结果发现说这话的人却是那家酒店的老板,这种情况也是有可能发生的。

牢记"人生处处有陷阱"时刻保持紧张感，才不会失去作为职业人士所应具备的工作态度。

♛ 被问起"真心话"的时候，用"笑话"来应对

和比较熟悉的客人一起吃饭的时候，被问起来"说真心话，是不是遇到过难缠的客人，有没有什么搞砸过的事情？"

这种时候，作为专业人士，肯定不能说"说真心话，实际上确实有这么一位客人，很令人头疼！"但是，你又不能客气地说，"没有，没有发生过那样的事"，这样场面就会变得很尴尬。

为了应对这种场合，平时要多准备一些"笑话"和"洋相"。

"在美国有一个习惯，为了展示老板和下属之间的信赖关系，老板在前面跟大家讲完话以后，就会跳入下属中间，下属们会把老板接住。但是老板不知道日本没有这样的习

惯，所以当他跳入日本下属中间时，大家都下意识地躲开了，老板直接扑到地上了（笑）。"

当给客人讲这样的笑话的时候，客人不禁会道："丽思卡尔顿的人们也会出这样的洋相啊"，气氛就会变得比较融洽起来。

但凡工作出色的人，往好的一面讲，都是很有自信的人。自己心中有做事原则的话，即便遇到心术不正，使坏的人，也不会动摇。说话的时候，眼看有些跑题时，也可以不留痕迹地一带而过，全身而退，避免自己的信赖受损。

★小贴士（point）
听到消极的话题时，"接住"即可，没必要"接受"。

"把套房改成展示厅如何？"

拒绝客人前，发挥想象力

在丽思卡尔顿酒店，会最大限度地去满足客人的需求，即便是很难办到的需求，酒店员工们也会集思广益、设法解决。

比如，如果餐厅预约满了的时候，接到了小型聚会的预约电话。这时，我们就会给客人提出可以在游泳池旁边，或者结婚用的教堂旁边临时支起桌椅，布置成会场等各种各样的提案。会充分发挥自己的想象力和主观能动性，最大限度地满足客人的愿望和需求。

当然，如果当天宴会厅都预订满了，再接到一个大型宴会的订单时，因为客观条件不允许，就只能婉言谢绝。

即便这样，还是不轻言放弃，仍然做一些有创意的尝试。

我想起我在纽约广场酒店工作时的一件往事。

有一天，我接到一个电话，客人说想要在酒店举办新鞋发布会。这是美国鞋业厂商和零售商聚集的大型商品展示会，届时会发表一些时尚新品。

但是，当天能用作展示厅的会议厅都被预订了。"拒绝，还是怎么办？"正在犹豫不决之际，突然灵机一动。

把总统套房当作展示厅如何？把床和沙发等家具全部搬出去，布置为展示厅怎么样？窗外就是中央公园，背景也不错。如果把这里布置为展台，展示台上陈列的新鞋会更加显眼。

一般大家很少有机会住总统套房，这次在这里举行的与众不同的发布会，来宾们都喜出望外，非常满意。

这正是所谓的创意的力量！

虽然是临时起意，但是现场的气氛，舞台效果都不逊于正式的展示厅，又能与窗外的景色相得益彰。像这样，通过重新组合不同事物创造了新的价值！一线工作人员的想象力，解决了一个棘手难题、鼓舞了人心，让大家尝到了工作的乐趣。

♛ 提供下雨天才能体验的娱乐方案

从客人的期望值来说,来旅游胜地度假的游客,常常因为"天气"的缘故,会大失所望,后悔不已。

比如说,巴厘岛的雨季。对兴冲冲要来体验户外活动的游客,在接受预约的时候,就要把正值雨季的事情要告诉客人。为了不让客人来了大失所望,有必要提前告知。

客人中间,也有只有雨季这段时间能休假,其他时间来不了的客人,即便是雨季也要来。

这种情况下,即便天气不是太好,也不能说"很遗憾,天公不作美"之类的话。而是要说"下雨天有下雨天的玩法"。甚至要达到让游客感觉到这恰恰是上天的恩惠之效果。

实际上,雨季的巴厘岛也有各种玩法。比如可以体验手工艺品的制作,或者听当地导游讲述当地的故事和传说等多种活动,而不只是休闲娱乐。

我个人的体会是,相比于晴天,下雨天的故事性会更强。

刮风下雨，这是谁都左右不了的事情。

但是，不管何种情况之下，是否都能给客人留下美好的回忆，提出有深度的故事方案，就要看专业人士的本领了。

> ★小贴士（point）
> 山穷水尽疑无路，柳暗花明又一村。

第7章

打磨值得"信赖"的力量

~为持续成长而做的努力,将打造你的轴心~

以"仰慕之人"的自然状态为目标

提高自己的自然状态

在构筑"信赖"的过程中,可以看出每个人的个性。或许每一个人的"自然状态"中就蕴含着自己的信赖度。

也有人会说"无论任何时候,保持'自然'就好"。但是,对某些人来说的"自然状态",在有些场合肯定是不适宜的,而且在周围的其他人看来或许会觉得有些不自然。

♛ 决定"自然状态"的是他人

前几天,我在一家酒店的大厅里看到了这样的一幕。

那里大约有 6 个年轻人在互相交谈,但看着总觉得有点不对劲,很别扭。

观察了一会儿,我马上明白了为什么会感觉不对劲。原来他们在互相说话的时候,不是面对面看着对方,而是眼睛都看着别的地方，彼此没有视线交流。对他们来讲，这也许就是他们的自然状态，但是他们的自然状态在参加工作、成为社会人员之后，难道还能通用吗？

所谓自然状态，并不是以自我为中心。

看着你的自然状态，判断是否值得信赖的不是你自己，而是所在公司的同事和客人。最重要的是，在自己的工作场所，一定要时刻思考，对你现在所在的这个场所来说，它所要求的"自然状态"是什么。

例如，如果要在丽思卡尔顿工作，做每一项工作时，都要思考丽思卡尔顿的价值观是什么、怎样的措辞比较自然、应该如何处理团队的人际关系。在这个过程中，你就能发现自己的不足之处。

然后，如果看到理想的"自然状态"，就要以此为目标，时刻有意识地提升自己的"自然状态"。

可以这么说，作为职场上的专业人士，有责任时刻考虑，现在的自然状态是否是可以发挥出最好水平的状态。

自己现在的价值观，与自己所追求的目标的偏差是什么，如果能意识到这一点，就能不断地提升自己，逐渐得到周围人的认可。

♛ 学习仰慕之人的"自然状态"

想要提高自然状态的时候，越是觉得有压力，越是觉得高不可攀的时候，也越是机会。

我当初准备去广场酒店工作时，我仔细琢磨了对它来说，理所应当的水平是什么，对它来讲什么样的行为举止是最自然的？

最初来到广场酒店时，我十分惊讶于它们工作人员的存在感。客人需要时，他们会恰到好处地出现在客人面前，有十足的存在感，却不会打扰到客人。

那是我在之前的酒店里没有看到过的自然状态。但是，对这里的工作人员来讲，那似乎是他们理所应当该具备的水平，是广场酒店的自然状态。

迄今为止，自己所处酒店的"理所当然的水平"，与这里相比，是小儿科了。我意识到这一点之后，就暗下决心，我觉得必须对广场酒店进行更多的研究。

所以，为了能够进入广场酒店工作，我开始彻底研究它的"型"。比如，广场酒店的模式是什么？广场酒店的自然状态又是什么？在广场酒店如何说话才是自然的？如何一边处理好人际关系，一边以团队为主体做好工作？对广场酒店来说，什么是最自然的价值观？在研究的过程中，我受益匪浅，学到了很多东西。

也许是得益于我的这些研究成果，我如愿以偿进入了广场酒店工作。从这件事得到的启发是，一旦我"也想成为像那个人一样的人"，那么，我一定会先去模仿那个人的"型"，然后以此为目标去努力，就一定会有效果。

> ★小贴士（point）
> 通过掌握适合那个场合的自然状态，或者更高层次的自然状态，来提升自己。

"今天，你逗笑了谁？"

"信赖度"大盘点

当对自己是否受到他人信赖感到迷惑时，对自己的信赖度来一次大盘点怎么样？

♛ 从江户时代的礼仪来看"成人指标"

接下来，我想介绍的是江户礼仪中的"成人指标"。

指标1，是否有幽默感？ 首先，衡量成人的标准是能给周围的人带来多少快乐。

指标2，能否功成不居？ 即便几乎都是自己做的事情，也不把自己的功劳放在嘴边，而是能说出"这次的成功主要得益于某某同事的共同努力""因为大家给了我无私的大力支持和帮助，所以这次才取得了这样的成绩，谢谢大家"，这也就是具备能够尊重他人、抬高他人的力量。

指标3，能否培养他人？这不仅仅局限于管理者，指任何人能否发掘出他人的潜力。

比如，有这么一位后辈，在接待客人方面很有心得，但是他本人还没有意识到自己的这一特长。这时候，就要去问他："有这样一位客人，如果是你，你如何去接待？"听到后辈回答"如果是我，我会这么做……"的时候，马上夸奖他"你的这个想法很有创意"，后辈就会注意到自己在这方面的长处。

如果这样考虑，不管是谁，都能在不经意间发掘出他人的长处，激发他人的力量。作为在一起工作的伙伴，可以把他的可能性发掘出来。花时间做这些事情也是非常重要的。

指标4，是否能够无私地为他人传授自己所掌握的东西？

不管是知识也好，智慧也好，技能也好，人往往都容易产生"这个只有我知道"的想法。但是，千万不要这样保守，而应该不断地传授给他人。如果有什么新的信息，马上告诉一个可能会用得着的人，把自己掌握的方法毫无保留地传授给后辈，有新的想法就在会议上跟大家分享。

对照一下这四条"成人指标"，看看自己做到了多少？

每天花 5 分钟或者 10 分钟也好，试着考虑"今天给他人带来了多少快乐""这件工作，如果不是某某帮忙，肯定无法完成"等等。然后，如果意识到"明天我一定要道一声感谢"，第二天就马上付诸行动。

在获取信赖的过程中，自己还有没有什么欠缺的地方？通过大盘点，就能看到自己与"成人"的差距，就能发现自己的不足之处。

> ★小贴士（point）
> 你有幽默感吗？做到功成不居了吗？培养他人了吗？给他人传授、分享了多少自己的东西？

"电梯里的沉默是礼物!"

打磨"主动交往的能力"

我初次与人见面的时候,会暂且搁置之前得到的关于这个人的所有信息,回到白纸状态下再见面。这是为了排除先入观之后,再与他见面,能锤炼"自己的感知力"。

假如说,与人见面之前,如果听到过"那个人在之前的公司里竟然做了这样的事"之类消极的信息,那么,实际上见面的时候,心里就会嘀咕"这眼神,看着就让人觉得不讲信用",会产生消极的看法。为了避免让先入观影响你的判断能力,要先把事先获取的信息封存起来。

与人初次见面的瞬间,正是可以用全身心感知对方的宝贵机会。手表是日本制还是劳力士、袖口的纽扣是否扣上了、鞋和服装的品位如何、是不是爱干净的人等各种视觉信息会扑面而来。在聊天的过程中,"这个人与人相处时,毫无保留,不藏着掖着""一开始就会毫不保留地展现自己"……又能捕捉一些关于性格方面的信息。

那种情况下,要把自己之前获取的先入观封存起来,然后跟自己的第一印象结合起来,就可以大致判断出这是个什么样的人。如此这般,就可以锤炼你"看人的能力"。

我常常对酒店的年轻人们讲,"你们每天都能见到很多人,要培养自己主动接近他人、跟人交往的能力,就相当于是在培养自己的能力"。

不管在哪里工作,都免不了要与人有接触。在主动与人交往的过程中,会逐渐变得成熟起来,而这又将有益于构筑信赖关系。我坚信通过与人交往,就能逐渐拥有大家所信赖的"人品"。

♛ 把"令人难堪的沉默"也视为礼物

在日常生活中也有磨炼这种能力的机会。

有时免不了会跟不太好相处的同事同乘一部电梯。不好相处的上司、不好相处的同事,不好相处的后辈……

心中盼着"早点下电梯吧",电梯却往往都会从1层上到10层、20层……当然,在这种时候,沉默不语也是一种选择。但是,如果试着把这段从1层到20层的电梯时间当作上苍赐给你的礼物,又会如何呢?

比如,如果知道对方喜欢打高尔夫,"最近高尔夫的杆数减少了吗""你看起来很忙,还有时间去打高尔夫吗"……可以试着小声这样打招呼。

如果对对方的情况不太了解,跟对方的目光相遇的时候,这样打声招呼试试看:"我每天都有数不尽的烦恼,您怎么样?"因为只有两个人,"哦,是吗……"对方或许也会很自然地回复一声。

这种时候,也不要期望对方会说很多话。

即便对话以"哦,是吗"结束,在出电梯的时候,至少还可以说一声"我先走了"来道别。如果一直沉默不语,出电梯的时候,是说不出"我先走了"这句话的。所以,一定要认识到"哦,是吗"这句话的力量。

电梯里尴尬的沉默时间不会太久。但这段时间恰恰是跟不太好相处的人缩短距离的宝贵的 30 秒。这时候,你打招呼后,对方也会想"下次有机会我也要主动向这家伙打招呼",这样就为以后的交往播下了种子。

看到电梯里只有一个人,又恰好是不太好相处的前辈时,即使心里想"啊,真不想进去",也应该把它当作一份难得的礼物和机会。只要养成了这样的习惯,那么你的人际关系就会变得丰富多彩。

| ★小贴士(point) |
不管遇到什么人,都要磨炼"交往的能力"。

"谢谢您常年的关照！"

越是谦逊之人，越能赢得信赖

我有很多可以称之为导师的、令我尊敬的恩师。在跟他们交往的过程中，他们给我的印象是为人都很谦逊。他们都有很高的社会地位，能力出众，但他们并不因此而自觉高人一等。

仔细一想，其实也是理所应当的事情。有一定的社会地位，虽说周围的人都会追捧，但如果自己不谦逊，大家就不会尊敬这个人、信赖这个人。换句话说，能否赢得大家信赖，完全取决于自己的为人是否谦逊。

在丽思卡尔顿，也是这样。作为社长的舒尔茨也是个非常谦逊的人。公司也好、工作也好，取得成绩时，从不说"自己怎么了"，而是会说"是因为这位同事做了大量的工作"，从不功成自居，而是抬高帮助了自己的人。

"作为社长的我今天不上班，没人会知道，但是在前台工作的你如果今天不上班，酒店就无法运转了"等等。

谦逊的人，不管多大年龄，不管在什么位置，都是"以自己的成长为轴心的人"。换句话说，也就是认为"自己还需要继续成长"并付诸努力的人。我的恩师们都是这样，总是会耐心倾听年轻人的意见，时常保持着继续学习的姿态。

另一方面，做不到谦逊的人，一旦获得了某种程度的地位，就会自鸣得意，以为"全是因为自己了不起"。那一瞬间，他或许就丧失了继续前进的意愿。

♛ 超越服务的瞬间

在酒店里，从客人跟服务员说话的口气中，就能看出他有多谦逊。

有一位丽思卡尔顿的客人，是日本一家顶级企业的董事。他对酒店的员工们都非常客气。虽然说他经常光顾，但完全没有表现出"自己是客人"的那种态度。

他会经常对前台的工作人员说,"谢谢你们大家对我的关照,看到大家明快的笑脸,心情真好";在餐厅用餐后,也一定会说"今天的饭菜也很可口,非常感谢"。

有一天,我忍不住问他:"您为什么对酒店的服务人员如此客气?"

他说:"因为或许大家在购买、使用敝司的产品。"

也就是说,来酒店的时候,他是我们的客人。但是在他自己来看,酒店的全体员工有可能是他们公司的客人。

他深知这个社会其实就是由一个"你中有我,我中有你"的互惠互利的关系构成的。

在丽思卡尔顿,我们把客人和酒店员工都称为"平等的绅士和淑女"。对于能够接受"平等的绅士和淑女"理念、举止得体的客人,酒店的员工会致力于为其提供"超越服务的瞬间"。

那是因为,"提供服务的人,瞬间萌生了'想要更好地款待这位客人'的愿望"。这里绝不是偏向客人,给予其特殊待遇,而是因为有了彼此的信赖,酒店的工作人员也是想作为一个平等的"人"而为客人提供服务。

在其他工作场合也同样,最终都是在个体与个体之间建立真正值得信赖的关系,大家都想创造出超越公司和头衔的感动瞬间。

> ★小贴士(point)
> 没有了"想要进一步成长"的愿望,就会失去谦逊。

"今天听到的案例,我们千万不能效仿!"

坚持打磨信赖的轴心

为了让信赖得以持续下去,有应该干的事情和不应该干的事情。

这里有一个关于某个连锁商务酒店的故事。

这家酒店价格虽然便宜,但是非常干净,除此之外,员工们笑脸灿烂、服务出色,住宿客人的满意度也一直名列前茅。

我有一个坏习惯,不管到哪一家酒店,都会习惯性地用手指去抹一下容易积攒灰尘的椅子腿脚。在这家酒店的椅腿上,我从来没有发现过灰尘。由此,可以看出这家酒店的工作人员的认真程度。

有一次,这家酒店的会长带着几名年轻的女部下,来听我的演讲。大家听得都很认真,边听边记笔记。我不禁感慨道，从有干劲的公司里出来的员工就是不一样。

演讲结束后，我去跟会长打招呼。他把我介绍给他的部下们，然后笑眯眯地这样说：

"大家听好了，今天高野先生讲的这些案例，都是我们酒店不能做的事情！"

于是，工作人员也老老实实地点头说："好的，会长，我们明白了。"

我听了这话，大吃一惊，"不能做？……是什么意思？"

这时候，会长看着大家说：

"高野先生的演讲有两层意思，第一层意思，作为专业人士，一定要有自己的轴心和立足之本。这跟酒店的价格、等级没有关系，只要用心，谁都能干好！我们的酒店，也要彻底落实这一点！这些都值得大家牢记。第二层意思，这是关于酒店的硬件配置方面的东西。走廊里的芳香、柔软的地毯、高级备品等等，这些因酒店所提供的价值会有所不同。今天我们的员工听了您的课，确认了我们的理念没有问题，大家也更有信心了！但是硬件方面，丽思卡尔顿恰恰是我们的反面教材，提醒我们很多绝对不能效仿的地方。"

原来如此，听完会长的话，我恍然大悟，真得脱帽致敬。

的确，价格昂贵的丽思卡尔顿的服务和热情是公认的。但是低价位的酒店，如果站在客人的角度，也能满足客人的需求。在这种情况下，如果给注重便利性和价格的客人，把跟丽思卡尔顿酒店一样的香熏、豪华的鲜花强加给客人的话，酒店就会有陷入自我满足的危险。当然，也会增加不必要的经营成本。所以，会长想对员工们说的也许就是"千万不要迷失自己酒店所应提供的价值"的意思吧。

♛ 决定好"什么不能做"

每当出现一些新鲜的、有吸引力的东西时，谁都会情不自禁地想去模仿。但是，如果真要这么做的话，就会或多或少地动摇自己公司多年来构筑起来的、源自对企业价值、品牌的自信和自豪感。员工自身的自信和自豪感，是工作方式的轴心。如果这个轴心发生了偏移，就有可能动摇客户们的信赖。

丽思卡尔顿是丽思卡尔顿，我们是我们。对待工作的态度和理念，都没有改变。但是，把这些态度和理念通过服务以看得见的形式展现给客人的"模式"却会有所不同。

清楚地认识到这一点，以毫不动摇的轴心来构筑自己的"型"显得尤为重要。

"今天听到的，都是我们酒店不能做的事情！"

从这句话中，我看到了会长对经营哲学和经营理念的坚定信念。

专注于自己应该专注的地方，坚持下去，就能拥有自己的轴心，然后不断细心打磨，就能赢得"信赖"。

> ┃★小贴士（point）┃
> 做好取舍，方能打造出信赖的轴心！

Conclusion | 结束语

"令人心情舒畅的问候。"

"明亮爽朗的笑脸。"

"对随身物品的整理整顿。"

这些是丽思卡尔顿酒店非常重视的事情。

特别是，问候和微笑是处理好人际关系的第一步。这两样是谁都拥有，但却不用花一分钱的宝物。通过毫不吝啬的问候和笑脸能认识更多的朋友，自己的人际关系就会变得丰富而充满信赖。

但是，令人不可思议的是对问候和笑脸惜之如金的人为数还不少。

因为工作关系，我经常坐飞机出行。如果是早晨的航班，你就能看到乘务员站在舱门口满面悦色说着"早上好"，迎接每一位乘客。

这时候，你几乎看不到一个日本人回一声"早上好"。

从几年前开始，越来越多的企业要求将问候的作用纳入到员工的研修科目中。

大背景是，我觉得很多企业还只是把问候当作一种形式和仪式来看待。

比如学校里很多人聚会、销售人员见面时的相互问候，因为是仪式，所以很容易做得到。遗憾的是，公司的同事之间，因为不是仪式所以就可以不问候。

但是，在员工能够幸福工作的公司里，问候已经成为他们对话中重要的一部分。

由此能产生内心的活力和可靠的信赖关系。

有这么一个故事。

英国的军队，因为士气不振，所以请了咨询公司来帮忙。咨询公司来的顾问转了一圈后给出的建议非常简单，那个建议就是：

"用比现在大三倍的声音相互问候。"

仅此而已。

这不是胡说八道吗？大家都心存疑虑，但是因为支付了不菲的咨询费用，所以只好半信半疑地照做，结果不到一周，士兵们就开始有了变化，表情开始有了生机，动作变得利索起来了，士气也高昂了许多。当然，士兵之间的信赖关系也比以前更加牢固了。建议虽然简单，但效果奇佳。

我在丽思卡尔顿也深有体会，在构筑以信赖为基础的人际关系的过程中，没有比问候和笑脸更好的润滑剂了。

话说回来，前面提到的飞机登机口的故事还有下文。

实际上，还是有一小部分乘客会高兴地跟乘务员打招呼。

而且几乎无一例外，这些乘客去的都是头等舱。

大家作何感想？

在自己的人生道路上，大家想要编织出什么样的人生故事呢？

我衷心希望阅读了本书的读者，从明天开始，就能够开始用心培育信赖的故事。

高野登

关于"服务的细节丛书"介绍：

东方出版社从 2012 年开始关注餐饮、零售、酒店业等服务行业的升级转型，为此从日本陆续引进了一套"服务的细节"丛书，是东方出版社"双百工程"出版战略之一，专门为中国服务业产业升级、转型提供思想武器。

所谓"双百工程"，是指东方出版社计划用 5 年时间，陆续从日本引进并出版在制造行业独领风骚、服务业有口皆碑的系列书籍各 100 种，以服务中国的经济转型升级。我们命名为"精益制造"和"服务的细节"两大系列。

我们的出版愿景："通过东方出版社'双百工程'的陆续出版，哪怕我们学到日本经验的一半，中国产业实力都会大大增强！"

到目前为止"服务的细节"系列已经出版 117 本，涵盖零售业、餐饮业、酒店业、医疗服务业、服装业等。

更多酒店业书籍请扫二维码

了解餐饮业书籍请扫二维码

了解零售业书籍请扫二维码

"服务的细节" 系列

书 名	ISBN	定 价
服务的细节：卖得好的陈列	978-7-5060-4248-2	26元
服务的细节：为何顾客会在店里生气	978-7-5060-4249-9	26元
服务的细节：完全餐饮店	978-7-5060-4270-3	32元
服务的细节：完全商品陈列115例	978-7-5060-4302-1	30元
服务的细节：让顾客爱上店铺1——东急手创馆	978-7-5060-4408-0	29元
服务的细节：如何让顾客的不满产生利润	978-7-5060-4620-6	29元
服务的细节：新川服务圣经	978-7-5060-4613-8	23元
服务的细节：让顾客爱上店铺2——三宅一生	978-7-5060-4888-0	28元
服务的细节009：摸过顾客的脚，才能卖对鞋	978-7-5060-6494-1	22元
服务的细节010：繁荣店的问卷调查术	978-7-5060-6580-1	26元
服务的细节011：菜鸟餐饮店30天繁荣记	978-7-5060-6593-1	28元
服务的细节012：最勾引顾客的招牌	978-7-5060-6592-4	36元
服务的细节013：会切西红柿，就能做餐饮	978-7-5060-6812-3	28元
服务的细节014：制造型零售业——7-ELEVEn的服务升级	978-7-5060-6995-3	38元
服务的细节015：店铺防盗	978-7-5060-7148-2	28元
服务的细节016：中小企业自媒体集客术	978-7-5060-7207-6	36元
服务的细节017：敢挑选顾客的店铺才能赚钱	978-7-5060-7213-7	32元
服务的细节018：餐饮店投诉应对术	978-7-5060-7530-5	28元
服务的细节019：大数据时代的社区小店	978-7-5060-7734-7	28元
服务的细节020：线下体验店	978-7-5060-7751-4	32元
服务的细节021：医患纠纷解决术	978-7-5060-7757-6	38元
服务的细节022：迪士尼店长心法	978-7-5060-7818-4	28元
服务的细节023：女装经营圣经	978-7-5060-7996-9	36元
服务的细节024：医师接诊艺术	978-7-5060-8156-6	36元
服务的细节025：超人气餐饮店促销大全	978-7-5060-8221-1	46.8元

书 名	ISBN	定 价
服务的细节026：服务的初心	978-7-5060-8219-8	39.8元
服务的细节027：最强导购成交术	978-7-5060-8220-4	36元
服务的细节028：帝国酒店 恰到好处的服务	978-7-5060-8228-0	33元
服务的细节029：餐饮店长如何带队伍	978-7-5060-8239-6	36元
服务的细节030：漫画餐饮店经营	978-7-5060-8401-7	36元
服务的细节031：店铺服务体验师报告	978-7-5060-8393-5	38元
服务的细节032：餐饮店超低风险运营策略	978-7-5060-8372-0	42元
服务的细节033：零售现场力	978-7-5060-8502-1	38元
服务的细节034：别人家的店为什么卖得好	978-7-5060-8669-1	38元
服务的细节035：顶级销售员做单训练	978-7-5060-8889-3	38元
服务的细节036：店长手绘POP引流术	978-7-5060-8888-6	39.8元
服务的细节037：不懂大数据，怎么做餐饮？	978-7-5060-9026-1	38元
服务的细节038：零售店长就该这么干	978-7-5060-9049-0	38元
服务的细节039：生鲜超市工作手册蔬果篇	978-7-5060-9050-6	38元
服务的细节040：生鲜超市工作手册肉禽篇	978-7-5060-9051-3	38元
服务的细节041：生鲜超市工作手册水产篇	978-7-5060-9054-4	38元
服务的细节042：生鲜超市工作手册日配篇	978-7-5060-9052-0	38元
服务的细节043：生鲜超市工作手册之副食调料篇	978-7-5060-9056-8	48元
服务的细节044：生鲜超市工作手册之POP篇	978-7-5060-9055-1	38元
服务的细节045：日本新干线7分钟清扫奇迹	978-7-5060-9149-7	39.8元
服务的细节046：像顾客一样思考	978-7-5060-9223-4	38元
服务的细节047：好服务是设计出来的	978-7-5060-9222-7	38元
服务的细节048：让头回客成为回头客	978-7-5060-9221-0	38元
服务的细节049：餐饮连锁这样做	978-7-5060-9224-1	39元
服务的细节050：养老院长的12堂管理辅导课	978-7-5060-9241-8	39.8元
服务的细节051：大数据时代的医疗革命	978-7-5060-9242-5	38元
服务的细节052：如何战胜竞争店	978-7-5060-9243-2	38元
服务的细节053：这样打造一流卖场	978-7-5060-9336-1	38元
服务的细节054：店长促销烦恼急救箱	978-7-5060-9335-4	38元

书　名	ISBN	定　价
服务的细节 055：餐饮店爆品打造与集客法则	978-7-5060-9512-9	58 元
服务的细节 056：赚钱美发店的经营学问	978-7-5060-9506-8	52 元
服务的细节 057：新零售全渠道战略	978-7-5060-9527-3	48 元
服务的细节 058：良医有道：成为好医生的 100 个指路牌	978-7-5060-9565-5	58 元
服务的细节 059：口腔诊所经营 88 法则	978-7-5060-9837-3	45 元
服务的细节 060：来自 2 万名店长的餐饮投诉应对术	978-7-5060-9455-9	48 元
服务的细节 061：超市经营数据分析、管理指南	978-7-5060-9990-5	60 元
服务的细节 062：超市管理者现场工作指南	978-7-5207-0002-3	60 元
服务的细节 063：超市投诉现场应对指南	978-7-5060-9991-2	60 元
服务的细节 064：超市现场陈列与展示指南	978-7-5207-0474-8	60 元
服务的细节 065：向日本超市店长学习合法经营之道	978-7-5207-0596-7	78 元
服务的细节 066：让食品网店销售额增加 10 倍的技巧	978-7-5207-0283-6	68 元
服务的细节 067：让顾客不请自来！卖场打造 84 法则	978-7-5207-0279-9	68 元
服务的细节 068：有趣就畅销！商品陈列 99 法则	978-7-5207-0293-5	68 元
服务的细节 069：成为区域旺店第一步——竞争店调查	978-7-5207-0278-2	68 元
服务的细节 070：餐饮店如何打造获利菜单	978-7-5207-0284-3	68 元
服务的细节 071：日本家具家居零售巨头 NITORI 的成功五原则	978-7-5207-0294-2	58 元
服务的细节 072：咖啡店卖的并不是咖啡	978-7-5207-0475-5	68 元
服务的细节 073：革新餐饮业态：胡椒厨房创始人的突破之道	978-7-5060-8898-5	58 元
服务的细节 074：餐饮店简单改换门面，就能增加新顾客	978-7-5207-0492-2	68 元
服务的细节 075：让 POP 会讲故事，商品就能卖得好	978-7-5060-8980-7	68 元

书　　名	ISBN	定　价
服务的细节 076：经营自有品牌	978-7-5207-0591-2	78 元
服务的细节 077：卖场数据化经营	978-7-5207-0593-6	58 元
服务的细节 078：超市店长工作术	978-7-5207-0592-9	58 元
服务的细节 079：习惯购买的力量	978-7-5207-0684-1	68 元
服务的细节 080：7-ELEVEn 的订货力	978-7-5207-0683-4	58 元
服务的细节 081：与零售巨头亚马逊共生	978-7-5207-0682-7	58 元
服务的细节 082：下一代零售连锁的 7 个经营思路	978-7-5207-0681-0	68 元
服务的细节 083：唤起感动	978-7-5207-0680-3	58 元
服务的细节 084：7-ELEVEn 物流秘籍	978-7-5207-0894-4	68 元
服务的细节 085：价格坚挺，精品超市的经营秘诀	978-7-5207-0895-1	58 元
服务的细节 086：超市转型：做顾客的饮食生活规划师	978-7-5207-0896-8	68 元
服务的细节 087：连锁店商品开发	978-7-5207-1062-6	68 元
服务的细节 088：顾客爱吃才畅销	978-7-5207-1057-2	58 元
服务的细节 089：便利店差异化经营——罗森	978-7-5207-1163-0	68 元
服务的细节 090：餐饮营销 1：创造回头客的 35 个开关	978-7-5207-1259-0	68 元
服务的细节 091：餐饮营销 2：让顾客口口相传的 35 个开关	978-7-5207-1260-6	68 元
服务的细节 092：餐饮营销 3：让顾客感动的小餐饮店"纪念日营销"	978-7-5207-1261-3	68 元
服务的细节 093：餐饮营销 4：打造顾客支持型餐饮店 7 步骤	978-7-5207-1262-0	68 元
服务的细节 094：餐饮营销 5：让餐饮店坐满女顾客的色彩营销	978-7-5207-1263-7	68 元
服务的细节 095：餐饮创业实战 1：来，开家小小餐饮店	978-7-5207-0127-3	68 元
服务的细节 096：餐饮创业实战 2：小投资、低风险开店开业教科书	978-7-5207-0164-8	88 元

书　名	ISBN	定　价
服务的细节097：餐饮创业实战3：人气旺店是这样做成的！	978-7-5207-0126-6	68元
服务的细节098：餐饮创业实战4：三个菜品就能打造一家旺店	978-7-5207-0165-5	68元
服务的细节099：餐饮创业实战5：做好"外卖"更赚钱	978-7-5207-0166-2	68元
服务的细节100：餐饮创业实战6：喜气的店客常来，快乐的人福必至	978-7-5207-0167-9	68元
服务的细节101：丽思卡尔顿酒店的不传之秘：超越服务的瞬间	978-7-5207-1543-0	58元
服务的细节102：丽思卡尔顿酒店的不传之秘：纽带诞生的瞬间	978-7-5207-1545-4	58元
服务的细节103：丽思卡尔顿酒店的不传之秘：抓住人心的服务实践手册	978-7-5207-1546-1	58元
服务的细节104：廉价王：我的"唐吉诃德"人生	978-7-5207-1704-5	68元
服务的细节105：7-ELEVEn一号店:生意兴隆的秘密	978-7-5207-1705-2	58元
服务的细节106：餐饮连锁如何快速扩张	978-7-5207-1870-7	58元
服务的细节107：不倒闭的餐饮店	978-7-5207-1868-4	58元
服务的细节108：不可战胜的夫妻店	978-7-5207-1869-1	68元
服务的细节109：餐饮旺店就是这样"设计"出来的	978-7-5207-2126-4	68元
服务的细节110：优秀餐饮店长的11堂必修课	978-7-5207-2369-5	58元
服务的细节111：超市新常识1：有效的营销创新	978-7-5207-1841-7	58元
服务的细节112：超市的蓝海战略：创造良性赢利模式	978-7-5207-1842-4	58元
服务的细节113：超市未来生存之道：为顾客提供新价值	978-7-5207-1843-1	58元
服务的细节114：超市新常识2：激发顾客共鸣	978-7-5207-1844-8	58元
服务的细节115：如何规划超市未来	978-7-5207-1840-0	68元

书　　名	ISBN	定　价
服务的细节116：会聊天就是生产力：丽思卡尔顿的"说话课"	978-7-5207-2690-0	58元
服务的细节117：有信赖才有价值：丽思卡尔顿的"信赖课"	978-7-5207-2691-7	58元

图字：01-2021-3079 号

RITZ-CARLTON: TATTA HITOKOTO KARA HAJIMARU "SHINRAI" NO MONOGATARI
by Noboru Takano
Copyright © Noboru Takano 2013
All rights reserved.
Original Japanese edition published by Nippon Jitsugyo Publishing Co., Ltd., Tokyo.
This Simplified Chinese edition published by arrangement with
Nippon Jitsugyo Publishing Co., Ltd., Tokyo in care of Tuttle-Mori Agency, Inc., Tokyo
through Hanhe International (HK) Co., Ltd.

图书在版编目（CIP）数据

有信赖才有价值：丽思卡尔顿的"信赖课"／（日）高野登 著；马霞 译. —北京：东方出版社，2022.3
（服务的细节；117）
ISBN 978-7-5207-2691-7

Ⅰ.①有… Ⅱ.①高… ②马… Ⅲ.①饭店—商业服务 Ⅳ.①F719.2

中国版本图书馆 CIP 数据核字（2022）第 036368 号

服务的细节 117：有信赖才有价值：丽思卡尔顿的"信赖课"
(FUWU DE XIJIE 117: YOU XINLAI CAIYOU JIAZHI: LISIKA'ERDUN DE "XINLAI KE")

作　　者：	［日］高野登
译　　者：	马　霞
责任编辑：	崔雁行　高琛倩
出　　版：	东方出版社
发　　行：	人民东方出版传媒有限公司
地　　址：	北京市西城区北三环中路 6 号
邮　　编：	100120
印　　刷：	北京文昌阁彩色印刷有限责任公司
版　　次：	2022 年 3 月第 1 版
印　　次：	2022 年 3 月第 1 次印刷
开　　本：	880 毫米×1230 毫米　1/32
印　　张：	8.125
字　　数：	141 千字
书　　号：	ISBN 978-7-5207-2691-7
定　　价：	58.00 元
发行电话：	（010）85924663　85924644　85924641

版权所有，违者必究
如有印装质量问题，我社负责调换，请拨打电话：（010）85924602　85924603